U0148326

老画报风尚志

LAOHUABAO
FENGSHANGZHI

周利成 著

中国文史出版社

图书在版编目（CIP）数据

老画报风尚志/周利成著．—北京：中国文史出版社，2022.11
ISBN 978-7-5205-3914-2

Ⅰ．①老…　Ⅱ．①周…　Ⅲ．①画报—新闻事业史—史料—中国—民国　Ⅳ．①G239.296

中国版本图书馆CIP数据核字（2022）第229277号

责任编辑：金　硕

出版发行：中国文史出版社
地　　址：北京市海淀区西八里庄路69号　　邮编：100142
电　　话：010－81136606 / 6602 / 6603 / 6642（发行部）
传　　真：010－81136655
印　　装：北京温林源印刷有限公司
经　　销：全国新华书店
开　　本：787mm×1092mm　1/16
印　　张：20.5
字　　数：260千字
版　　次：2023年3月北京第1版
印　　次：2023年3月第1次印刷
定　　价：72.00元

自　序

白驹过隙，时光荏苒，一晃儿，我在天津市档案馆工作已满33个年头了，从事档案编辑研究工作即查资料、写书也是33年了，所谓"择一业，终一生"。"知之者不如好之者，好之者不如乐之者"，工作与兴趣相一致是我人生最大的幸福，所以，乐此不疲。

2000年初，我在旧书摊上见到10期《北洋画报》，当时正在准备出版我的第一本书，需要一些配图，便以200元买了下来。画报印刷之精美、图片之清晰、排版之新颖深深地吸引了我，更吸引我的还是画报的内容。此前，我接触的资料都是档案、文献和报纸，多是正面记述大事件、大人物，是一板一眼的官样文章。而画报记录的则是大事件背后的小故事，大人物背后的小逸闻，极具故事性、趣味性。后者是对前者的补充和完善，它让历史更加全面、具体、立体、鲜活、生动、形象。两者有机地结合，还原了完整的中国近代历史。如果把档案、文献、报纸比作一个人的骨干，那么画报则是一个人的血肉。从此，我便喜欢上了画报，开始全力搜集画报，那时每个周六都要到天津的旧书市场去淘宝，隔周就到北京的潘家园、报国寺、琉璃厂等逛逛，出差到一地也都要打听旧书市场，抽时间去看看。

到2010年，十年的时间，我已经收集了120余种老画报，也就在这一年开始研究老画报，2011年出版了第一批研究成果"中国老画报系列丛书"——《北京老画报》《天津老画报》《上海老画报》，畅销一时，同时也让老画报收藏热了起来。老画报价格飞涨，我一个工薪阶层已经买不起了。此后，我就开始到天津图书馆、国家图书馆、上海图书馆、中山图书馆等全国各大图书馆查阅、扫描老画报，截止到现在已经收集清末、民国时期的老画报近1000种、20余万页，利用这一富矿资源，出版了多本专著，并确定了今后的老画报研究方向。

2015年，我在花山文艺出版社出版了《民国风尚志》一书，社会反响很好，深受读者欢迎。但今天我重读《民国风尚志》，发现有的文章已经不合时宜，有的文章尚显粗陋，有的文章又找到了新资料。于是，我对原书稿做了大手术，删掉大半文章，利用过去20余年收集到的900余种、20余万页的老画报丰富资料，续写了20余篇新文，补充了20余篇近期在报刊上发表的旧文。值得一提的是，还增加了40余幅老画报配图，因此更名为《老画报风尚志》，以突出老画报的特色。如今，呈现给读者的这本书，已是焕然一新了。

本书分为六个栏目：风气之先、摩登时代、时尚名流、娱乐场所、传统习俗、西风东渐，各类之间既相对独立又相互联系，相辅相成，浑然一体。本书以民国时期画报为基本素材，参阅相关档案、报刊等文献，各方资料相互印证、补充，以期达到内容上最接近历史的真实；文字基本保持画报的原貌，如行文的人称、语气，如人名、地名和用字用词等略加串联和注释，保持其轻松幽默、平实朴素的民国风格；形式上图文并茂、雅俗共赏。

通过形形色色的人物和故事，本书再现了20世纪二三十年代旧中国诸多领域的领风气之先和摩登时尚，也揭露了社会各界的混乱与黑暗；既展示了上层人士的摩登与开化，也记述了影星、名伶、舞女等的歌舞升平、灯红酒绿，更记录了下层穷苦百姓的命途多舛、悲惨遭遇，从而描摹出旧中国新意与时尚、混乱与落后的一幅矛盾交织的画面。相信读者朋友们会从中有所感悟和思考，从而更加珍惜今天的文明进步的新生活。

　　作为一个写书人，我有三大快乐：一是在卷帙浩繁、汗牛充栋的老画报中找到了新资料，发现之乐；二是自己写的文章印成铅字，发表在报刊上，捧着泛着墨香的新书，收获之乐；三是新书出版后，举办新书分享会，将自己的新书介绍给读者，让读者与自己的书相遇，分享之乐。相信在中国文史出版社编辑团队的辛勤劳动下，实现这三大快乐的脚步已经近了，很近了。

目　录

摩登时代

时尚名流

娱乐场所

传统习俗

西风东渐

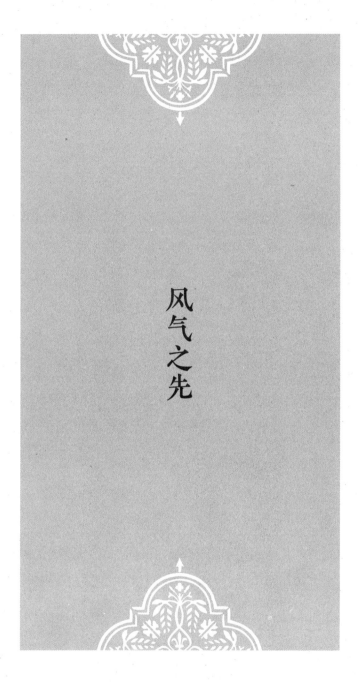

风气之先

中国第一条公交线路

1900年八国联军侵占天津后，比利时趁机在天津设立租界，并在都统衙门统治天津期间取得了在津设立电车电灯公司的专利权。1904年，中比双方在天津签订了《天津电车电灯公司合同》。1906年2月16日，环绕旧城行驶的白牌电车正式通车，这是全国第一条电车线路，也是中国城市公共交通事业的起点。

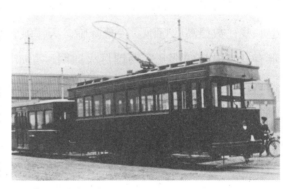

天津第一辆有轨电车

1900年8月，都统衙门刚刚成立不久，一些欧洲人和日本人就纷纷申请在老城区和租界之间修建电车轨道。经过一番激烈竞争，都统衙门还是将此项特许经营权授予了有多国股东投资的比利时电车电灯公司。这家公司由德国世昌洋行代理经营，董事长为德璀琳。该洋行于1902年取得了在津设立电车电灯公司的专利权，并在香港注册登记。按照1904年4月26日中比双方签订的合同，比公司在比首都布鲁塞尔成立了总管理处，筹集25万英镑作为启动资金，利用教会势力在望海楼后金家窑创办

最早开辟的白牌环城电车运行情景

发电厂，在东浮桥东口沿河马路购置楼房，成立天津总办事处，在南开中学旁建起了仓库和修理厂，后来又在左侧盖了工人宿舍。所有机械设备、配件均由布鲁塞尔进口。

经过一年多的筹备工作，比公司在奥、意、俄、比四国租界和全部华界架设了电线网络。但推销电灯电力时却发生了问题。当时天津市民对电尚认识不足，只知道电能导致火灾，人触电后还会死亡，所以，最初人们避之如虎。为此，比公司特别设立了一个由华人经理刘中和负责的电灯电力分销处。刘中和策划先从商铺入手，由公司派人与繁华热闹地区的商铺联系，免费在商铺的牌匾上安装上一些瓦数很高的灯泡。夜幕降临，天津城顿时陷入一片黑暗之中，唯有安装电灯的那几家商铺灯火通明，亮如白昼，一时成为天津城一景，引来许多市民前来观赏，络绎不绝的人群给商铺带来了可观的收入。这样一来，没有安装电灯的商铺也纷纷提出安装申请。比公司的电灯业务由此打开局面。

1905年，比公司在旧城垣基址修筑的马路上开始铺设轨道，

1904年有轨电车

1906年电车车票

1906年2月16日，单轨"围城转"白牌电车的正式通车，宣告了中国第一条公交线路在天津的诞生。1908年又修建了由北大关经东北角、金汤桥到老车站（东站）的红牌电车；自北大关经北门、东北角、中原公司、劝业场至海关的黄牌电车。此后，又陆续开辟了以北大关为起点，经东北角、东马路、劝业场到东站的蓝牌电车和以北大关为起点经东北角、劝业场到老西开教堂前的绿牌电车，以及由东北角经东南角、

1931年第2卷第6期《电工》中《天津电灯电车公司参观情形》一文

劝业场到海大道的花牌电车。至此全市共有电车路线6条，全长近22公里。轨道设备总长134953.15米，车辆162辆，其中机车77辆，拖车85辆。

电车初运行时遭遇了与电灯相似的命运，天津市民担心乘坐电车会触电，因而电车生意惨淡。经营电车公司的比利时商人采取了免费试乘、大幅降低票价等手段吸引乘客，还在头等车厢特设绒垫座位，并配备了地毯、痰盂、电扇等设施，二等车厢设有舒适的藤椅。随着乘客逐渐增多，电车公司取消了车厢等级，票价也成倍上涨，从半个铜元涨到三个铜元。

到1912年，该公司盈利已达191059元（银圆），在短短的六年时间里就收回了全部投资。此后，随着票价的逐渐提高，比公司的盈利也与日俱增，从1916年至1928年这13年中，比利时电车电灯公司共获利近2573万元。

近代中国的防疫、验疫与治疫

由于战争、自然灾害和医疗卫生条件落后，天花、霍乱、肺疫、伤寒、白喉、鼠疫、疟疾、猩红热等疫灾，都曾在中国近代史上发生过，死伤无数，损失惨重。为此，从民间到政府都曾采取过诸多措施防疫、验疫和治疫。

防　疫

1906年，清政府设立民政部卫生司，掌管全国卫生行政，是为中国近代卫生事业之嚆矢。1910年，再设京师临时防疫事务局，以防止鼠疫在全国蔓延，开疫病预防之先声。但各地防疫工作发展极不均衡，以上海为最优。

1917年11月，肺疫始于内蒙古，12月蔓延至包头，乘势直达商业繁盛之归化，再经京绥铁路北上大同，直至山西太原、山东济南。疫情发生后，上海工部局卫生处立即向市民发出防疫通知。通知先是公布疫情：此症之传染由于咳呛，病疫者先患头痛，继而发热、咳呛、吐血，不二日而死，无药可医。凡病疫而垂危者，其传播疫症之危险尤烈。疫之传染，往返车舟中反易散布，故居民不宜迁徙。后提出三种防疫方法：一、隔离染疫者以及接近传疫之人；二、疑似之症亦宜隔离，勿与他人同居，以7日为限；三、宜用布或面具

（口罩）紧密遮覆于口鼻之上，用过之面具须焚毁或浸入沸水之中杀菌，面具可自卫生处得之。

当时在宁波则由警察厅担任防疫工作。1918年10月14日，该厅发布布告称，近日时疫流行，死者甚伙，此种疫症易于传染，亟应设法防止。唯鄞邑习俗，每逢病死者，家属往往将尸体舁放灵床，须经过二三天始行棺殓；或有家属在外经商，必俟其回籍入殓，竟有延至四五天者，以致尸体变坏，导致疫气蔓延。小之则传染一家，大之则波及一方。为防止疫患起见，本厅长不得不革此陋习，以保人民健康。辖境人民如有染疫病死者，务须由家属速即殡殓，勿得抗违。

1921年4月22日，俄国人忒勒纳夫假上海汉口路保赤医院，举办了一场避疫洗浴器展览会，邀请中外各界参观。到场者以外国人居多，华人只有外交官员和各报记者等十数人参会。茶点毕，忒勒纳夫率众参观，东、西两室分装大小玄拉尔牌沐浴机炉两台，附有水箱、莲蓬头等具，与当时的淋浴器相仿，却有杀细菌、免传染的功效。大者每小时可出水250加仑，可供75人之用；小者每小时可出水50加仑，可供20人之用。后室装设一台解除传染机，附有热度表，温度高至320℃，故细菌无有不死，每小时可消毒衣物150套。他还介绍说，当年欧战时此种浴具曾在英、法等国销售7000余套，现因俄国内乱而来沪。拟在上海开设一所公众洗浴处，亦愿廉价出售避疫洗浴器，大者值1200元，小者400元。

1929年4月初，上海流行脑脊髓膜炎和猩红热，市卫生局在全市张贴公告，介绍两种疫病的危害与症状，并提出六种预防方法：一是凡有此两病症状者，应立即送往医院诊察；二是患者须与家人隔离，小儿更勿许接近；三是患者发病前用过之物品，应实施消毒；四是该病由口鼻排泄物传染，如唾液、鼻涕等，故市民自备白纱口罩，遮盖口鼻，防其传染；五是公共场所暂少去为妥；六是患者应立即报告本局，以便派员实施消毒，并指示一切。

1933年上海工部局报告在总结防疫工作时称，除按照每年惯例，由工部局张贴标语，卫生局打防疫针外，尚有时疫医院联合会播放疫情纪录片，卫生运动的宣传大会，倡导社会人士健康饮食。当然，最有效的措施还是接种霍乱疫苗，其有效率可达90%以上，各医院均可免费注射防疫针。由于数年来的积极宣传，平民阶层也都主动到医院接种疫苗。疫苗最早来源于日本、德国，近年来则以国货居多，特别是"九一八事变"后在抵制日货的声浪中，几乎找不到日本货了。上海时疫医院红十字会使用中央防疫处产品，各急救时疫医院则用庞敦研究所产品。

以上三则报道说明，上海作为中国最早的开放城市之一，在防疫方法、措施和具体实施等方面，均领先于全国，基本与世界接轨。

1946年初，霍乱首发宜昌，次至广州，6月开始大面积扩散至东北，侵入京津冀。据《大公报》载，8月，为防止霍乱蔓延，天津市卫生局除积极为患者注射盐水外，还实施市民饮水消毒。除派员对霍乱发生区域配制消毒液、按户配发外，各饮用河水、井水和自来水住户，均可持瓶前往卫生局第四科领取，不取分文，并配有《消毒液用法说明》一份。疫情结束后，市卫生局特制定公众、个人、医药的预防办法。一为公众的预防法：在团体生活里，对于患者一切用具，当施行蒸汽消毒或煮沸消毒，并注意一般卫生，尤应注意水道、水井之清洁和厕所之消毒。家中若有患疫病者，当迅速隔离。二为个人的预防法：病从口入，为防止病菌由口侵入，饮食时当先煮沸，凡生冷瓜果不能任意取食。所有用具当先进行消毒，然后用沸水或用百分之三之稀盐酸水洗涤，以防污染。三为医药的预防法：除春季普遍种痘外，每届夏令或流行疫病之时，应开展防疫运动，注射霍乱疫苗三次，尤以众人杂居之宿舍、共营工厂及人烟稠密之处为重，宜及早预防为要。

验　疫

中国海港检疫始于1873年，检疫权与海关主权均由外国人控制，办事者则以华人为多，唯受外国人支配。据1904年4月25日上海《新闻报》载，据天津海关道唐绍仪致函北洋大臣周馥称，大沽轮船进口查船验病，向由洋人用西法检验中国人，残酷异常，时起争端，甚至殒命。后奉清帝圣旨变通办法，妥定章程，以全民命。时在大沽建盖一所医院，选派两名北洋医学堂毕业的医生、一名华人女医和美国医士斐思理，在此负责验疫。凡华人进关者统由华医自验，由华医带入该院，分别男女，由华医、女医检查。遇有患疫者，须入院治疗，各分住所，妥备饮食，各给服役、伺候、洗涤。至患者病愈时，由华医验明出院。如遇洋人搭船者，税务司专派洋医查验，与华人两不相涉。该洋医如查有患疫洋人，亦令其入院，另有住所，专交斐思理医诊。营口来津火车各站，如营口、前所、北塘、新河四处，均分布华医，租用民房，设立医所。此医所华医亦由北洋学堂毕业生中选派，照料病人服食、起居，与大沽医院无异。其具体细则可参酌西人防疫之法酌拟章程。

1911年2月2日《新闻报》载，年初，有一批外国人来沪，发现其中有染疫之人，已请示沈仲礼观察，赴其旅居之各中国旅馆查验。经沈仲礼核准后即派员查验，如查有染疫之人，须移往中国医院治疗。另有一些外国人旅居法租界内，请上海道与法国领事商议，准至法租界客栈查验，并将染疫者运往中国医院医治。这条消息说明，国人已对染疫来华外国人实施验疫。

而1912年5月23日《新闻报》刊登的一则消息，说明当时的商民对验疫尚不甚理解和重视。上海各轮船公司时因吴淞口验疫章程过于严密，颇为不平。时因香港地区流行鼠疫，但此疫与1909年满洲和中国各地肺疫有所不同，鼠疫轻于肺疫。但现时的防疫章程反而比昔日防肺疫更为严苛，殊为不解。当时所有香港入口船只均被扣留吴淞口，由验疫会人员登船，在船中熏以硫黄，以除疫毒。唯船中所载货物一经硫黄，实有损害，遂群起反对，公请防疫会更改此项新章。若必熏硫黄，应请上海工部局担负此项费用。当时我国尚无消毒液，仍采用老旧的硫黄消毒法。

1938年时的伍连德博士

据1931年1月24日《晶报》报道，当时全国海港验疫处为新设之一机关，过去海港验疫均由外国人负责，每一海关必设一验疫所，权力甚大。凡轮船入口，必先由其检验，签字后方可通行，主权旁落于外人之手久矣。此项机关经费充足，办事人员收入亦佳。自伍连德博士被任命为全国海港验疫所所长后，已次第接收各验疫处，隶属卫生部，而当时卫生部已经裁撤，不知是否归由内政部管理。

据史料记载，民国建立后，北京政府改民政部为内务部，下设卫生司。1928年南京政府中央设置卫生行政专管机关——卫生部，1931年裁撤，在内政部附设卫生署。而伍连德博士是中国检疫、防疫事业的创始人，并对中国从洋人手中收回检疫权做出了重要贡献。

治　疫

随着疫情的频发，从民间到官方竭力治疫，但由于医学技术水平所限，往往效果有限，直到清末才略具规模，民国时期较有进步。

据1911年7月11日上海《时报》载，当年安徽遭受特大水灾，大灾之后必有大疫，皖北灾后患疫百姓众多。在上海华洋义赈会会长福开森的号召下，该会于7月初成立救疫队，赴皖救治，就诊者纷至沓来，一时应接不暇。该会除施医外，还择极贫病重者，再施钱、米，并备牛肉干、牛奶等滋补之品，以助患者速愈。

民国初期每届七八月份，各大城市纷纷成立临时时疫所，免费收治疫病患者。1919年8月24日《新闻报》消息称，苏州市公益事务所在东区绿葭巷设立临时除疫所，22日开业，各机关各团体均派员莅场参观，由省立医校蔡禹门校长主任其事，医士吴帙书、庞京周、吴佑生、蒋乙生等分别担任诊治义务，针药并施，不分昼夜，任凭疫者投所求治，随到承医，不取分文。

20世纪二三十年代，上海各慈善团体、民间社团每年均成立时疫救治医院，有上海西藏路54号大世界对面上海时疫医院、闸北新民路的普善山庄时疫医院、沪南神州医院在沙布弄所设临时治疫所、上海梅家弄同仁辅元堂、闸北宁山路天吉里的景和救疫所、上海南市露香园路保生医院、中国红十字会沪城分会在城内老县附设的临时时疫医院和于淘沙场袁公祠内续设第二医院、吴淞埠时疫医院、济生会的华医施医局、白克路急救时疫医院、杨树浦急救分院等近20家。

称之为时疫，有两层含义：一是广义上的时疫，包括夏令各种急性疾病，如急性肠炎、

1937年第1卷第910期《北碚月刊》中民国时期打防疫针时的情景

疟疾、中暑、霍乱，等等；二是狭义上的时疫，专指当年流行的瘟疫。因此，时疫医院大都以救治患疫者为主。瘟疫不是年年流行，有时虽有疫情但患者不多，或是疫情得到缓解，这时，时疫医院也常收治一些其他急症。更有时虽有疫情，但患者不明原委，时将中毒、疟疾、中风等各种患者送至时疫医院。医院本可回复不收，但因皆为慈善机关，也酌量容纳一些。

1934年第2卷第4期《新医药杂志》详细记录了当年各时疫医院概况和一月来的疫情。上海各时疫医院联合会由西藏路南上海时疫医院与北西藏路急救时疫医院联合发起，先后有9家医院加盟，如红十字会、南市、虹口、普善山庄等各时疫医院。该会宗旨为促进各院工作的联络与互助，既利医院又利患者。该会不仅随时救治疫患，而且还制定防疫方法、研究阐发医理。各院之间的床位、收治患者人数、疫情状况等均随时相互报告，以便患者就近求治。而遇有复发的病人均指导其至原收治医院治疗，凡病人出院时均发给一册白话韵语的《养病须知》，以指导民众如何进一步调养。该会每月召开一次医务会议，集合各院医师讨论疫情发展和诊治情况。是年，上海时疫医院添置一些医疗器械，病床达140张，看护方面由法国女护士负责指导，因为当时中国尚无培养护士的专门机关或学校。急救时疫医院的新建筑也已落成，床位总数时有260张，预计将添设至300张，病房一律改用铁质小床后更易于消毒，配有医师9名、男女护士40名。依据时疫医院建筑新章，该院水电工程、浴室、消毒、防蝇等一应俱全。之前，检查疫病病源大都送往工部局卫生处，该院设立细菌室后也可完成检疫工作。天津路上的红十字会医院地处闹市中央，便于居民就近就诊。当年，因为没有发生大面积疫情，这些医院收治了不少伤寒、中毒、肠胃炎、恶性痢疾等类患者，真正的霍乱病疫很少。时疫医院就好比救火会的汽车，一天到晚闲等着，却宁可一次也不要开出去才好。

在中国防疫治疫史中，出现过叶天士、薛生白、吴鞠通、王士雄四大温病家，中国防疫治疫事业创始人伍连德等一大批治疫名家。江南医林一杰顾渭川，善治内、妇、儿科，擅针灸，对温病学也颇有研究。1929年6月1日《新闻报》报道了他治愈疫症的案例。顾渭川医士医学渊博，久负盛名，时有上海九亩地同裕祥主之女，忽患脑膜炎症，其状甚危，幸延顾渭川医士诊察，内投清瘟败毒之药，外用金针刺哑门、百会脑等，神志即清，病苦立除。

近代中国，在防疫、检疫、治疫方面，官方虽也有机构设置、制定相关法律法规，建立时疫医院、配备医务人员，但由于战乱频仍、灾害丛生，仍有疫情多发、死亡率较高的特点。

黄远生：中国最早的新闻记者

黄远生

他出身书香门第，自幼聪颖过人，少年失怙，过着孤独寂寞、寄人篱下的生活；他热衷革命，曾组织同学罢课，离校后走上科举之路，两年内连中秀才、举人、进士；他不愿为官而东渡日本留学，学习法律兼修英语，归国后，在同乡李盛铎的指引下走上报人之路；他与梁启超共同主编《庸言》，是中国最早的新闻记者，主持《申报》《时报》的"北京通信"成为新闻界的品牌；他反对袁世凯称帝，拒做《亚细亚日报》主笔，避走美国，竟在旧金山遇刺身亡，年仅31岁。他就是被戈公振称为"报界之奇才"，被方汉奇誉为"新闻通讯的奠基人"的黄远生。

中进士后留学日本

著名收藏家李盛铎（号木斋）在1916年第13卷第5期《东方杂志》中的《黄君远庸小传》、黄远生长子黄席群在1946年9月30日至12

月23日《中央日报》连载《先君远生公言行概述》等文，较为详细地介绍了黄远生的生平事略。

黄远生（1885—1915），名基，字远庸，笔名远生，江西九江人，世居城南仙居乡。曾祖父黄凤楼，道光年间进士，曾任安徽知县，采取惠政，造福一方。父亲黄儒藻，通过童试，为秀才，屡试不第，曾任浙江小官。母亲姚氏，汉上名族，习礼明诗，黄远生深得母教，受母熏陶。黄远生为独子，自幼随家来浙，读书四明，博文强识，广交文士，有"浔阳才子"之名。1900年，家庭突遭变故，父母相继离世，沦为孤儿。

1916年第13卷第5期《东方杂志》中李盛铎撰写的《黄君远庸小传》

黄远生料理了父母后事，变卖家产，寄居族兄家中，入南浔公学读书。族兄是个小官僚，虽对黄负有经济责任，但对黄并无好感。黄尚有姑母，对其甚为疼爱，让孤独、寂寞中的黄远生感到亲情的温暖。

入学后，黄远生投身于追求自由、争取民权的革命洪流。听说上海南洋公学发生学潮后，黄异常兴奋，便与几位同学热情而大胆地拍电报恭贺，电文中有"恭贺南洋公学同学全体脱离专制学校之苦"之句。电报发出后，黄仍觉未尽兴，便因小故借题发挥，组织南浔公学全体学生罢课。校方平息罢课后，他和几位学生代表或被开除，或自动离校。嗣后，黄赴考南洋公学未果，一度失学。在族兄的迫促下只得选择科举。

1903年，黄远生参加乡试中秀才，同年秋中举人，1904年中进士，同榜者还有沈钧儒、谭延闿、叶恭绰等知名人士。黄获得"知县即用"资格。当时清廷设有进士馆，凡新第授京职者，或入馆进修，或游学外国，三年后再试，依成绩授官职。黄不愿为官，再三请求赴日本留学。赴日后，进入中央大学攻读法律，黾勉研索，昕夕无间，更兼习英语。

1909年秋，黄远生学成归国，以进士兼留学生的双重身份进入邮传部，任员外郎。时掌该部者为尚书徐世昌、侍郎汪大燮和侍郎沈云沛，均对黄赞赏有加。黄遂奉派参议厅行走兼编译局纂修官，编纂《邮电航路四政条例》，书既成，在缮进皇上前却发现缺少序言，因时间迫促无人敢为，堂官遂令黄承担。黄得令后，不足一日，乃成数千言，叙事详尽，文词渊雅，阅者无不叹服。1911年春，黄与人集资，在浙江海宁海王村设立法政讲演所，公推黄为讲员。黄再展口才，演述无倦，学子倾心。

黄远生自日本归国时，适值出洋考察宪政的五大臣之一李盛铎从欧洲归来。他们有同乡之谊，一度共同租住于海岱门内。时见黄既肆力于文学，又有志于朝故，徘徊于人生的十字路口，李遂指点他道："西人谚近世掌故者，多为新闻撰述家。君若做记者，定为一位名记者。"此语对黄触动极大，从此，他便开启了报人生涯。

中国最早的新闻记者

1912年，黄远生与蓝公武、张君劢共同创办《少年中国周刊》，因立场鲜明、抨击时弊而声名远播，他三人得"新中国三少年"之名。1913年，他复与梁启超合作，主编《庸言》月刊。据1927年第1卷第2期《新闻学刊》中报人吴贯因的《民国初元名记者黄远生》一文载，黄长于描写社会状态，不善推阐科学原理，《庸言》注重政论学理，因此，该刊所载其文非其得意之作。此后，黄再任上海

《申报》《时报》《东方日报》特约记者和北京《亚细亚日报》撰述，并为《东方杂志》《论衡》《国民公报》等报刊撰稿。

著名报人宋云彬在1946年第5—6期《人物杂志》中《民初名记者黄远生》一文称，辛亥革命后，上海各报竞争激烈。《新闻报》读者多为商人，只要消息灵通，再加上一张鸳鸯蝴蝶派编的副刊就成了；而《申报》《时报》大都是学界中人，他们需要新闻报道兼有分析时事的通信。鉴于此，《申报》遂聘请黄远生为特约通讯员，"我国报纸之有通讯，实在是黄远生开创的"。黄主持的《申报》"北京通信"一经刊出，立刻引起广大读者的注意和欢迎，成为新闻界的一个品牌。嗣后，《时报》聘徐彬之为特约通讯员、《大公报》桂林版设"子冈通信"均取法于黄之"北京通信"。

1940年第2卷第9期《战时记者》中曹聚仁的《报人典型黄远庸先生》一文

黄远生的"北京通信"半文半白，条理清晰，笔锋犀利，夹叙夹议，具有三大特点：一是着眼重大事件和重要人物，如宋教仁案、唐绍仪下野、丧权辱国的二十一条，袁内阁两次倒台，孙中山、黄兴、袁世凯、蔡元培、黎元洪等；二是对时局超强的洞察力，如有"今之社会，第一当去奢存朴，第二在独立生计，第三益以必要之道德，第四独立自尊"之论；三是语言的非凡魔力：一个寻常之人，

黄远庸在1912年第1卷第2期《庸言》中发表的《一年来借款交涉始末记》一文

经其描写，则须眉毕现；一件寻常之事，经其记述，则逸趣横生。故报人黄天鹏高度评价道："自黄远生出，而新闻通信放一异彩，开印象派之始祖。黄氏采访新闻，颇有手腕，而理解力及文字之组织力，又有过人之处，为报界不世之奇才。其在《时报》与《申报》之特约通信，为报界创一新局面。"

在黄远生之前，新闻记者被世人称为访员，官僚、士绅们根本不把他们放在眼里。黄却是今天见大总统，明天访国卿，后天约总长，显著提升了新闻记者的地位，让一些大人物从此不敢轻视。因此，"中国的手工业都有祖师，例如木匠崇奉鲁班。如果新闻记者也要找祖师的话，就应该找到黄远生了"。黄还总结出新闻记者应具备"四能"，即"脑筋能想，腿脚能奔走，耳能听，手能写"，这便是我国早期新闻记者素质规范。

黄远生也是倡导新文学的先驱。据1946年6月10日《中央日报》中《黄远庸革新文论 章行严逻辑作风》一文载："新文学这名词，第一个提出的是黄远庸。他不但提出新文学，而且还提出报章文学的口号……20年来的新文学运动是否合黄先生的理想，又谁能评断。不过，黄先生主张文学的革新与建立报章文学同时并进，这是我们可知道的。没有报章文学的广大读者群，新文学的伟业永远是不会成就的。"

反袁称帝　出走京都

据 1939 年 12 月 15 日《中国商报》中畴人的《记黄远生：一个新闻界的被难者》和 1948 年第 205 期《再生》中程家骥的《论梁启超、黄远庸、张季鸾三报人》两文载，1915 年，袁世凯背叛国民，蓄意称帝，成立筹安会，以为称帝工具。袁之爪牙以暴力查封持反对论的报馆，检查邮电，阅看大样，拘捕记者，限制新闻自由；阴谋制造虚假民意，嗾使所谓各省代表至参政院请愿变更国体；让学者杨度撰《君宪救国论》、刘师培写《国情论》，利用御用机关报《亚细亚日报》鼓吹帝制，在该报竟出现了"臣记者"怪名。

黄远生当年声名卓著，袁希望通过黄的言论制造对自己有利的舆论，乃令内史命黄担任《亚细亚日报》主笔，撰文支持帝制。时帝制派势焰日盛，黄不敢公然反对，遂撰写一篇似是而非文章交卷。正如教育家、钱钟书之父钱基博所言："袁世凯为帝，属为文以赞，而远庸名高迹近，不欲为，不敢不为，草一文若讽若嘲，世凯既心不喜，而传者遽言远庸劝进也。"嗣后，黄再写两封信给章士钊（字行严）深表忏悔，以"忏悔录"为题刊于《甲寅》杂志，自述堕落经过和人生感悟，其中有"所作种种政论，至今无一不为忏悔之材料""此来幸已脱离一切，此后当一意做人，以求忏悔居京数年堕落之罪"等语。袁不满黄的搪塞之作，再逼其作一篇明确赞成帝制之文。在"人格上争死活的最后一关"，黄自知必须做出抉择，遂于1915 年 9 月 3 日，与好友林志钧（字宰平）一起逃离北京，5 日抵达上海，6 日发表启事与《亚细亚日报》脱离关系，撰写《黄远庸致亚细亚报馆书》刊于《大陆报》《时报》等，明确表示反对帝制，与袁世凯决裂。文曰："亚细亚报馆鉴：远以国体问题与贵报主义不合，故于贵报未曾出版之先，即已在京沪各报声明脱离关系，乃贵报前数日尚未将广告中贱名撤消，应请将此函登入贵报，以清界限。此请，道安。黄远庸谨启。"但9月10日出版的《亚细亚日报》仍将其列为主笔。黄再发表《黄远庸宣言》予以纠正。为了躲避袁党追逼，10月24日黄乘日轮离沪，途经日本，于11月17日抵达美国。

圣诞日遇刺旧金山

1916年1月26日、27日《神州日报》消息称，12月25日圣诞日晚，黄远生与中国赛会委员高某、卢某二人，在美国旧金山都板街上海楼餐馆用餐，坐于最里面的房间。6时许餐毕，黄欲吸烟，出至收银处取火柴，突有一人登楼，掏枪向黄连开三枪。黄中弹急身回房，仆于椅上，凶手则夺门而去。餐馆主人关某之妻闻枪后，立即鸣警。警兵到时，唯见收银处地上遗有一支短枪，凶手已不知去向，遂急将伤者乘车送往中央济急医院，但枪中要害，途中毙命，车遂转至验尸所。经验尸官查明，死者右乳下一弹穿过，入于心部，右手背中两弹。在黄身上搜出一张十元收据，发单者为美国人古鲁乃。据查，11月30日古鲁乃曾教黄英文两周，此为辅导金收据。

1916年1月27日《神州日报》对黄远生遇刺的报道

经查，黄远生此次来美已有月余，居于旧金山述打街下技利旅馆。抵美后，黄曾收到数封匿名恐吓信。遇害前一日晚8时，黄曾召请友人到技利旅馆会商保护之策。据驻美中国领事馆书记员尤文藻称，他与黄乃知交，但黄此行甚守秘密，并未告知来美目的。黄在旧金山与华人相识甚少，亦无仇人，黄已声明近日即将乘船回国。警方赴黄住所，检查其行李，搜得两件物品，颇为重要：一为小日记一册，一为密电码一本。日记用中英文杂写，内有"谨慎侦察举动""请拿人票"等语；密码本中编有列号。警方一时未辨其意。

对于被刺原因，时有两种说法：一是因黄远生反对帝制，曾在报馆发表言论公开反袁，筹安会之人遂从上海一路跟踪至旧金山，杀人泄愤；二是美国华侨中之革命党误认黄为帝制派，故而杀之。真正原因一时无法探究。有人认为，在当时政治黑暗的统治时代，处在政治旋涡之中的黄，身为一个弱小的报人，根本没有力量与强大的统治者抗争。他虽曾走过一段弯路，但能幡然悔悟而站在反袁的立场上，最终献出了自己年轻的生命，是值得同情的。有人则认为，黄既不愿泯灭良知向后退，又不能把持良心向前进，徘徊于犹豫不决之中，他迟早将以自己的手结束自己的性命。因此，这样一个天才报人的遇难，给后世报人一个深刻的教训，新闻记者在春秋大义面前，就应该英勇与坚定。但不管各方持何态度者，对黄死于袁世凯的反动政治，则是一致的断言。

黄远生遇刺后，美国公司邮船将其遗体运送回国，1916年2月10日抵达上海，后转送江西老家安葬。黄之好友李盛铎等发起公奠。同年2月27日，在北京江西会馆举行追悼仪式。祭堂中设黄之遗照，围以花圈，李盛铎所撰黄君小传陈列其上，四壁挽词颇多，社会名流周自齐、张一麐、章宗祥、梁士诒、孙毓筠、汪立元、康士铎等致挽词。张一麐为："朝闻道夕死可矣，身将隐焉用文之。"梁士诒曰："茫茫身世问苍穹，东海恨难填，讵才子人皆欲杀；落落恩仇付流水，西江名自永，独文章天不能磨。"黄遗有妻余氏，妾王氏，三子席群、席椿、席棠，长子席群时年6岁。杨度、薛大可等发起抚恤遗孤募捐，徐世昌以师生旧谊亦致函请恤。

黄远生友人林志钧历时数年，苦心汇集，收录黄关于政治、文学和思想类文章200余篇，裒为四卷，名曰《黄远庸遗集》，1920年由商务印书馆刊行，林撰万言序。至1930年又经过三次校勘、增补，计为239篇。

1920年第2卷第3期《学艺》中林志钧为《黄远庸遗集》撰写的序文

1946年第5—6期《人物杂志》中宋云彬撰写的《民初名记者黄远生》一文

有史料记载，20世纪80年代，台湾人刘北海临终前透露，当年是他奉中华革命党美洲总支部负责人林森指派，赴美国旧金山刺杀了黄远生。因为当年消息传输较慢，革命党只知黄是一名赞成袁世凯、批评孙中山的记者，对其后来表明反袁立场则一无所知，故而误杀了黄。1985年9月，在江西九江举行的黄远生学术研讨会上，学者们认同了这一说法。

广东丝业的流金岁月

广东丝业在中国近代史上曾留下辉煌的一页。明末清初，顺德县农民即已发明了"桑基鱼塘"这种桑蚕业与养鱼业相互促进的特殊生产方式；清咸丰年间，广东华侨商人陈启元创办继昌隆缫丝厂，使中国的丝绸工业走入近代化，标志着中国近代机器工业的开端；1919年春，丝商岑国华、岑钿礼在广东顺德葛岸乡率先改革丝织工艺，采用日本新式缫丝机，变四角车丝为六角丝，产量、质量显著提高，销路日畅，国外输出骤增，至1922年全省共有丝厂200余家，输出达7万余包，广东遂成中国丝织业中心，顺德更有"南国丝都"之誉。1928年至1948年的《商业特刊》《工商新闻》《纺织周刊》《广东蚕声》等刊物，刊登的《广东丝业之沿革》《衰落中之广东丝业》《广东丝业改良成绩惊人》等百余篇文章，翔实地记录了广东丝业缘起、鼎盛、改革和衰落的过程。

清咸丰初销往国外

早在汉代，珠三角已有种桑、饲蚕、丝织的活动。7世纪初，唐代各地商人和外国洋商相继来粤贸易，贩运绢丝。当时珠三角已成"田稻再熟、桑蚕五收"之地。12世纪初北宋时期，南海、顺德两县的西江沿岸已修筑起著名的"桑园围"。明末清初，顺德农民发现蚕

1928年第27期《良友》画报中的广州岭南大学蚕丝学院

沙（蚕粪）是养鱼的好饲料，淡水鱼业得以发展起来。由此，"桑基鱼塘"这种特殊生产方式经过长期生产实践，逐渐形成并风行珠江三角洲各地。"桑基鱼塘"是种桑养蚕同池塘养鱼相结合的一种生产经营模式，即在池埂上或池塘附近种植桑树，以桑叶养蚕，以蚕沙、蚕蛹等作鱼饵料，以塘泥作为桑树肥料。形成池埂种桑、桑叶养蚕、蚕蛹喂鱼、塘泥肥桑的生产结构或生产链条，达到鱼蚕兼取的效果。

　　广东丝业自清咸丰初即已出口国外，最先输出的是"七里丝"，又称"手红丝"，继之又有"括丝"，虽然二者名称不同，但皆为蚕茧抽出之丝，全恃人工制成。因生产能力所限，最早输出年仅万包。至咸丰中叶，南海商人陈启元具思想、抱宏愿，游历欧美，考察丝业国际市场。归国后，依其所得，引进国外缫丝新技术，于清光绪初年在南海县简村建成珠江三角洲第一个机器缫丝工厂，其产品名曰"丝偈"，比手纺丝更细洁光滑。因机器均以蒸汽发动机制动，而风气未开的民众对此创举一时难以接受，咸加非议，称从机器中出来的丝为"鬼线"，更因劳资纠纷而发生工潮。陈启元遂将厂房移至澳门，先行试办，制出之四角丝，行销法国的马赛和美国的三藩市（旧金山）。缫丝厂开办后，成效渐著，收入颇丰。陈启元复回广东设厂于南海西樵，为民众所认可。

陈启元的成功，带动广东有志之士闻风而起，纷纷在顺德、南海产茧之地竞相设立工厂。蚕桑区域也因丝厂的增多而迅速扩张，迨及晚清，全省已有丝厂120余家。有的工厂还生产一种新产品名曰"子结丝"，与车丝并行欧美。"子结丝"以脚踏机制成，丝厂规模虽小，女工多则百十人，少则五六十人，但年产量几占生丝出口量的三分之一，也算是粤丝中的大宗了。只可惜因其生产工艺不能划一，劣点颇多，质量较之机器车丝悬殊，故自1912年后，"子结丝"已绝迹于欧美市场。

清光绪年间，顺德县开挖基塘10万亩，桑地面积达30万亩，逐渐形成以顺德、南海、番禺等县为中心的蚕丝之乡。第一次世界大战后，由于欧洲各国忙于战后恢复工作，中国生丝在国际市场获得畅销，进一步促使中国蚕桑业的发展。当年，珠江三角洲到处皆是桑基鱼塘，其面积达120万亩，创历史最高水平。

1917年，美国丝业团来广州考察。考察后，他们殷切希望能够帮助广东丝业改良工艺，效法日本用复缫机缫丝，以期适应美国机器的织造需求。如此，广东丝业之兴指日可待。但广东丝业中人盲目自信，深毙其议，错过了这一改良时机。

鼎盛时期

1919年春，在广东顺德葛岸乡，丝商岑国华、岑钿礼率先采用日本新式缫丝机，产量、质量得到显著提高。他们及时扩股扩大生产，下属丝厂发展至18家，股份总额达200余万银圆，年产生丝4万担。与此同时，他们还在广州沙基新兴街创办永泰隆丝庄，在沙面法租界设立永泰隆洋行，直接与各国丝商交易，年营业额达1000万银圆以上，居全省同行之冠。从此，广东昔日之四角车丝一变而为复缫式之六角丝。六角丝价格日高，销路日畅，输出骤增。1919年输出量达6.559万包，比1918年一下子增加了2万包，其中运赴美国者计由2万包增至4.7万包。

一时间，广东丝业靡然风从。据统计，1921年，粤人从事蚕丝者占全省人口的二十分之一，丝区占全省面积的二百分之一。以顺德一县而论，已有桑田6600余顷，几占全县面积十分之七，该县人赖蚕丝以维持生活者占85%。当时粤省种桑耕田达300余万亩，各丝厂有女工10余万，植桑育蚕之农户达20余万。在接下来的1922年、1923年，生产规模益臻隆盛，丝厂达200余家，出口量超过了7万包，每包价格涨至2400银圆。厂家之多，输出之巨，价格之高，史无前例，广东丝业达到鼎盛，成为中国丝织业中心，顺德更有"南国丝都"之誉。

当年世界丝业市场几乎为中国独占，而广东丝业则占据了整个欧美市场。从1922年至1929年，粤丝对外贸易额每年平均1亿元以上，占全省总输出额的70%。因此广东农工商业异常繁荣，人民丰衣足食。农业方面有近200万栽桑育蚕的蚕农，工业方面有数十万缫丝女工，商业方面有无数直接间接贩卖粤丝的商人。蚕农卖了蚕茧，免不得要在茶楼酒馆饱食一顿，花费数十两银子也毫不吝惜；缫丝女工月得工资数十元，几个好友合租大厦，不落夫家，自由自在；商人买卖蚕茧，来往均乘坐火车的特等餐车。尤其顺德县更是富甲一方，他们的丝艇连日从县城运丝至广州，再满载白银而归，素有"广东的银行"之称。为了安全起见，顺德一些丝艇竟然安装了机关枪和迫击炮保驾护航。

当年，中国是一个进出口差额巨大的国家，用来填补国际贸易外汇逆差的丝业占有很重要的地位。广东丝业曾对中国对外贸易做出过很大贡献，在当年海关黄皮统计报告中，粤丝出口的收入曾在全国外汇收入中占有重要份额。

内忧外患　走向衰落

广东丝业最大的市场是欧美，1922年前，世界丝业市场几乎为中国独占。清同治年间，日本丝业出口美国数额仅是华丝的17%。自1922年开始，日本一方面拼命植桑育蚕来制丝，另一方面千方百计地破坏中国生丝及其制品在国际市场上的信誉。日本财团三井洋行先是在广州沙面设立一个分行，专为日本政府订购粤丝。他们故意提高收购价格，却对收购产品的质量没有任何要求。当时，广东丝商均在暗地里耻笑这个"有傻气的好主顾"，因而尽量偷工减料，成色日趋低劣。岂料，这竟是日商的一个大阴谋。他们以高价收购低劣的粤丝后，即原装运至

1946年第3卷第3期《世界月报》封面上的缫丝厂女工

美国和欧洲市场销售。因这些质地低劣的丝均写明中国制造，故而华丝营销大受影响。日商虽因此也亏累甚巨，但却彻底毁坏了华丝在国际市场的信誉。

日本丝商在日本政府的政策扶持下，大力发展缫丝工业。他们一方面在欧美市场尽力压低日丝价格，以期占有市场；另一方面，他们迎合美国丝商的要求，严定日丝的出口标准，厉行生丝检查，美商因此弃华丝而专购日丝。

反观粤丝生产的设备和技术已远不及日商先进，并且出口完全假手于外商。日商正是利用这一弱点，通过美国报纸，制造华丝在美国价格高涨的假消息，致使原材料价格日新月异，粤丝成本水涨船高。但当粤丝生产出来后，日商又将他们手中的粤丝在欧美市场上低价抛售，致使粤丝价格一落千丈，折戟沉沙。而前来广东订购粤丝的英、美、法等国洋商亦不敢购买粤丝。日丝遂乘机崛起，取代了中国在国际丝业市场上的地位。

当时的中国正处于军阀混战时期，广东省内变乱相寻，兵争不息，税率日增，盗风日炽。省政府军政统帅的精力集中于争权夺势的政治、军事斗争，根本无暇顾及民族实业的良性发展，未能对广东桑蚕业进行研究，更未对广东丝业给予扶助和改进。因此，从1924年开始粤丝每况愈下，1929年世界经济危机爆发后，广东丝业更是一蹶不振。至1931年粤丝出口锐减至2.7万担，仅为前一年的三分之一。

收效甚微的改良

早在1918年，万国蚕丝改良会即在广州成立，北京财政部部长叶恭绰曾核准援用上海成例，年拨关银3万两，以为改良粤省蚕丝之用。但适值两广自主期内，未能实现。1935年初，为提高粤丝质量，顺德蚕农所研制出一种名为"碧交茧"的改良茧。广东纺织厂将改良茧生丝，送往生丝检查所检验。检查所的报告称，改良前的土茧仅国际公定的B级或C级，而改良茧远胜土茧，其匀度已达国际公定最高的A级，足可跻身于世界上等丝之列。但不知何故，这种改良茧并没有得到普及和应用。

抗战胜利后，国民政府也曾认识到粤丝在中国经济中的重要性，行政院长宋子文专程乘机从重庆飞抵广东，召集粤省丝业同业公会代表委员吴谷五等座谈，共商丝业大计。但因其时广东丝商犹如一盘散沙，未能达成共识。丝业同业公会的提案中称，重振广东丝业只需借贷国币2亿元，此与全国丝业专家们估算的复兴资本20亿元相去甚远。宋子文遂认为，粤省丝业不得要领，事遂中辍。

此后，中蚕公司经理、蚕业教育家葛敬中前往顺德一带视察后，草拟了改善粤丝计划，提出设立新型丝厂一所、绸厂一所、小型绢丝厂一所，增设丝业指导所至30所，并为蚕农改良蚕种提供银行贷款。但因银行利息过高，手续繁杂，借款者寥寥无几。唯有丝商吴谷五试行借贷办厂，也终因利润所得不足偿还银行利息，工厂最终倒闭。

1929年第4卷第9期《广东建设》中的广东改良蚕丝局缫丝厂

1933年第1卷第11期《广东建设》中的蚕丝展览部第五室之模范丝厂模型

1946年，法国领事曾有购买粤丝的请求，广东省政府遂令成立蚕丝产销委员会，由省政府主席聘集委员，省建设厅厅长兼任主任委员，负责粤丝的出口事宜。但亦因资金支绌无疾而终。

1948年第87期《工商新闻（南京）》中的《衰落中之广东丝业》

一文称："广东丝业的衰落……至于我们本身，生产技术的落后、研究丝业机构的不足，政府奖励办法力量太微弱，尤其出口管制的结果，给丝业一个最大的枷锁。是为了广东丝业的更生与农村经济出路，也为了全国经济出路，政府应即注目及解决此问题，予广东丝业以有力的援手，如恢复贷款或提高收购价格、增加研究指导的育蚕机关、协助设立新型的缫丝厂，来改良生产技术，解除一切出口的管制。否则，在这生产上大量剩余的世界里，广东的丝业只有走上没落的路。"

粤语话剧的前世今生

　　2019年5月16日，香港焦媛实验剧团在昆明剧院演出粤语话剧《金锁记》，这也是该剧亮相10年来的第108场演出。演出当晚，赢得观众的热烈欢迎，在经久不息的掌声中，演员们一次次返场谢幕，观众们久久不肯离场。为满足观众需求，剧团遂于17日晚加演一场。这次成功的演出，让沉寂已久的传统戏剧粤语话剧再次进入人们的视线。那么，如此深得观众青睐的粤语话剧是从何时兴起的呢？1929年的《戏剧》和1947年的《粤声杂志》，分别记述了粤语话剧的缘起和著名剧作家欧阳予倩与它的不解情缘。

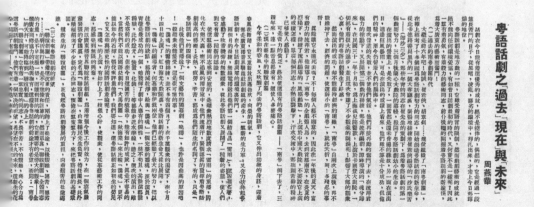

1947年第3期《粤声杂志》中的《粤语话剧之"过去""现在"与"未来"》一文

田汉、欧阳予倩首创

1929年2月，应广东省政府主席陈铭枢之邀，欧阳予倩与田汉在广州成立广东戏剧研究所，发起创作粤语话剧，所址位于永汉北路附近的一幢楼房内。该所下设演剧学校，洪深任校长，田汉任名誉校长，学员初时俱为广东籍，有赵如琳、卢敦、罗品超、章彦、陈酉名等，聂耳也曾一度加盟。针对学员均为广东人的特点，他们排演的话剧剧情均为当地故事，均以广东方言演出，故称粤语话剧。公演时，因是原汁原味的粤语词藻，贴近广东生活的剧情，给观众以强烈的视觉听觉冲击，并引起普遍的认同感，遂名噪一时。

欧阳予倩在《用粤语演话剧》一文中记述了他与粤语话剧的情缘。1928年，他到广东来，第一次接触粤语话剧是在中山影画院，观看中山大学童军阳光社和呼唤剧团的演出，欧阳予倩一下子就喜欢上了这一舞台艺术。尽管演员们全用粤语演出，但他居然全都能够明了。在喜爱的同时，他也觉得演员们的"语调有许多不自然不够力的地方"，尤其是阳光社用几名男演员饰女角，"格外破坏了气氛"。他认为这或许是"因为他们的舞台经验不够，排练的时间太短的原因"。当场就有人对他说，用粤语演话剧不如用国语。第二次，他到岭南大学观看该校女生表演的《女知》（*What every woman know*）。该剧由陈受颐博士导演。演出时，虽然演员对脚本略显生疏，但对白却较流利自然，效果很好。第三次，则是他在南国社的时候，亲自

1926年第3期《民新特刊》中的欧阳予倩

老画报风尚志

导演的《车夫之家》和《空与色》，演员均来自呼唤社，全部用粤语演出。就表演而论，要比在中山影画院演出时进步了许多，但一是时间太过仓促，排练太少，演员对剧本掌握还不够熟练；二是演员对剧本的理解尚不够透彻；三是他撰写的剧本为国语，演员自行改编成粤语，有很多地方还不够恰当。

演戏一定要用国语，至少在广东是不必要的

通过这三次与粤语话剧的亲密接触，欧阳予倩与之结下了不解情缘，并且展开了长时间的艺术探索和理论研究。为此，他曾深入到观众中广泛调查。他问一些广东学生：“你们以为用国语演戏好呢，还是用粤语演戏好呢？”有一名学生回答说：“要求在广东普及呢，当然要用粤语；可是国语在舞台上的效果似乎明显些、有力些。因为北方的音高些，南方的音低些；北方的音强，南方的音弱；北方的音容易兴奋，南方的音只是轻清。”还有人说：“热带的语音已经比较低了，而时下许多伶人却提倡唱平喉，低益打油诗低，遂无丝毫激昂之气。”

此后，欧阳予倩又亲赴岭南大学拜访陈受颐博士，征询他对粤语话剧的看法。陈先生是广东人，而且导演过许多戏，最有发言权，他的看法当然也更可靠些。陈先生说：“用粤语演出话剧，什么情感、什么气氛都能恰如其分地表现出来，只是把国语剧本改编成粤语却要十分注意。”当时在座的谢扶雅教授谈及岭南大学的学生们正在用国语排演易卜生的《玩偶之家》，于是陈先生接着说：“提倡国语是一回事，演戏用国语又是另外一件事。至于说演戏一定要用国语，至少在广东是不必要的。”

也有剧评家认为，粤语演剧要分开来说，就是普通性与地方性要分清楚。譬如粤语话剧常演的沙三少杀死谭阿仁，因为该剧本是广东故事，你若硬用国语去演，一定不像样，观众看了一定感觉不

贴切，剧情的精神也失掉了。此剧就算是在上海演出，也一定要用粤语。

欧阳予倩遂综合各方面的意见得出了自己的结论："提倡国语是一事，演戏又是一事，非国语不能演戏，是错误的。粤语虽然语音低，只要均衡配合，妥当处理，演出话剧是没有困难的。"

前赴后继　艰难图存

粤语话剧之所以能够艰难生存，原因之一就是拥有一群有勇气、有毅力的艺术家。他们前赴后继、不求回报地为艺术而奋斗，不断地开掘粤语话剧的新途径。

1941年春节后，陈诚、崔君侠、胡章钊等几位艺术家，在上海卡德路善昌里创办了南粤剧团。在报纸上刊登招考启事，招收了十几名愿为粤语话剧努力的有志青年，在一个二十几平方米的客厅里，紧张地排练着崔君侠编导的《沙氏乐苦》（《沙三少》）。三个月后，随着兰心大戏院的幕幔徐徐拉开，《沙氏乐苦》正式与观众见面了。但这次演出在营业上失败了，因为观众过少，票房收入寥寥无几。剧组分析原因，一是粤语话剧在上海尚未普及，二是在演出当日适逢狂风暴雨，影响了观众的到来。但当年的数家报刊刊登了演出的消息和报道，一些上海人第一次听说了粤语话剧。

这次营业的失败并没有让他们气馁，不久，在剧作家流萍的极力推动下，演员们又开始了第二出戏的排练。此剧就是流萍编剧、谭铎导演的《魂兮归来》。1942年10月初，为上海孤儿院筹款，《魂兮归来》公演于卡尔登大戏院。此次演出大获成功，其意义不仅只是一场义演善举，更赢得了许多观众的眼泪，给他们留下了深刻印象，使他们对粤语话剧产生了浓厚的兴趣。

然而，演出的成功并没有解决剧团经济困难的现实，尚弱小的南粤剧团遂因入不敷出而宣告停顿。一年后的夏天，极富毅力的流萍先生筹得一笔资金，再次召集南粤剧团的原班人马到了南京，在烈日炎炎的酷暑下，排练了他亲自编导的《风尘鹣鲽》，上演于中国大戏院，南京人第一次领略到粤语话剧的魅力。但是在国难当头的残酷现实下、在亡国之痛的悲愤中，南粤剧团终于还是倒下了。

1947年夏，广东播音界联谊社话剧组的艺术家们，再次合力扶持粤语话剧。经过两个月的排练，无线电波中送出他们第一个结晶《雷雨》。这部四幕名著曾感动了收音机旁的无数听众，他们数度请求重播。因当时没有录音，每次播出均为演员们在密不透风的播音室，淌着热汗现场直播。尽管演员付出很多，但从此，粤语话剧以一种新的姿态展现在了世人面前。此后，他们又排演了一部文艺性的独幕剧《晚祷》，或许是曲高和寡的原因，这部剧没有被听众接受，反响平平，无疾而终。

此后，他们认真总结了失败的教训，尽最大努力消灭以往的不足。不服输的艺术家们再次排练何慕华、伊铣编导的《谍魂》。青年演员青薇仔细领会剧中人物的心理，演出最为投入，其他演员也是一丝不苟。灯光、布景、化妆均达到了当年话剧的最高水准。经过四个月的紧张排练，在社会各界的热盼之中，1947年10月14日《谍魂》终于在虹口海光大戏院与观众见面了。这次演出得到业内的普遍认可和观众们的一致好评。有人甚至赞称，该剧可与国语话剧《大马戏团》《秋海棠》相媲美。

《谍魂》的成功上演，无异于给日渐衰落的粤语话剧打上了一支强心针，无论观众还是剧组成员均感到无比的兴奋和激动。信心十足的广东播音界联谊社话剧组，为增强今后工作的效力，正式成立了联谊剧团。团长韦辅民，剧务主任百乐，剧务唐梦痕、高飞、陈仲文、何洁等。但随着内战日紧，时局动荡，该剧团成立后并没有排演出超越《谍魂》的剧目。联谊剧团的辉煌也仅是昙花一现。

再创辉煌

新中国成立后，广东珠三角地区只有华南话剧团和歌舞团，没有正式演出过粤语话剧。1953年，司马文森、曾炜等艺术家创作的多幕粤语话剧《出路》在全省多地巡演70余场，久违了的演出再次唤醒了广东民众对粤语话剧的记忆，许多偏远地区的农民为了看一场戏，一清早就背着行李出门，走上几个小时的水路，傍晚到达演出地，晚上看了戏就地睡觉，第二天再回去。1960年，著名演员张悦楷、林兆明等主演的《七十二家房客》将粤语话剧推向高潮，在三年的时间里，剧组从城镇到乡村，演出400余场，赢得观众的热烈欢迎。《七十二家房客》也成了粤语话剧的经典剧目。"文革"中，粤语话剧再遭摧残。改革开放后，命途多舛的粤语话剧重现剧场，艺术家曾炜改编了欧阳山的《三家巷》，广州市话剧团在南方剧场演出60多场。进入90年代后，粤语话剧再陷低谷，作为一个有着辉煌历史、有着无数拥趸的传统艺术剧种，已经没有了剧团，没有了演员，更没有了演出，甚至渐渐被人们遗忘。

近些年，在党和政府的重视和扶持下，粤语话剧再创辉煌。广东省话剧院精心打造《孔子》，由张爱玲原创、王安忆改编、许鞍华执导、焦媛主演的《金锁记》，在全国各地巡回演出，好评如潮。相信粤语话剧这朵艺苑奇葩定会历久不衰，永放光芒。

南开大学最先创办特种奖学金

南开大学自1919年创办后，学风纯洁，成绩卓著，人才辈出，声名鹊起。为适应社会需要，辅翼贫寒学子，1931年7月，校长张伯苓率先创办特种奖学金，对外公布《南开大学特种奖学金章程》，面向京津沪三地学子公开招考。

1931年7月14日《时事新报》中《南开大学创办特种奖学金，奖励勤学寒士之新事业》一文，介绍了此项奖学金的缘起、办法、金额和名额。张伯苓爱惜人才，时常感到生活中坚韧耐劳的学问家或成功者，以出身贫寒者为多。当时在国内获得大学教育的机会极不容易，一些聪俊有志的寒家子弟或家道中衰的勤勉青年，虽有向上之心，但均因经济供给不足而望而却步。而那些有幸受到高等教育的富家子弟，往往不知珍惜而无所成就。鉴于此，为国家前途计，为社会幸福计，为奖励勤苦寒士，他遂与老友吴达铨商议，请其出资，在南开大学创办特种奖学金。银行家吴达铨热心公益，更重国家教育，积极响应，促其实施。

当时，全国各大学均设有普通奖学金，可使优秀学生免纳学费和住宿费。但获得普通奖学金的学生，因衣食费用不得资助，仍不能维持生活。南开大学的特种奖学金为每年每人350元，若能撙节，除学宿费外，尚能吃饭、穿衣、买书、零用等。且得此奖学金的学

《科学》1935年第19卷第4期"科学"栏目登载南开大学特种奖学金办法

生，入校以后，如成绩优良，还可连得四年。也就是说，他完全可以不依靠家庭资助而大学毕业。

特种奖学金第一年作为试办，暂定名额为20人，试办顺利后，由奖学金委员会进一步推广。张伯苓在接受记者采访时说："这种办法，用钱本不甚多。如果推行着有效，得着社会人士的同情，募集起来，总比让人家捐成万的钱兴学容易得多。中国虽穷，一年节省一点奢靡费用，出三百多元，供给一名学生的人，还可以说到处都有。进一步说，与其供给自己庸才子弟，劳而无功，还不如援助一个不认识的高才青年效果大些。因为人才的养成，对于我们民族的盛衰，国家的兴亡，很有关系。"

特种奖学金章程一经公布，《大公报》《国闻周报》《时事新报》等十数家报刊均做相关报道，均给予很高评价，并希望其他学校竞相效尤。《国闻周报》的《南开大学之新事业》一文称："只以二十名额为限，事属创行，愿宏力绌。自教育上之意义者，此事在中国社会，开一风气，造端虽微，收效必大。故吾人不独盼该校此举之成功，并望其他各方面之继起。……南开倡行之办法，任何校皆可提倡，任何地皆可发起。盖使人捐款巨万兴学，其事难；担负一人或数人学费，其事易。"《现代学生》写道："此事确属创举，真是穷

南開大學之新事業

本市南開大學，近以有志者之贊助，新設特種獎學金辦法，募集個人或機關捐款，以培植貧苦無力受大學教育之高才生；其章程辦法，見該校登報通告，茲不具述。查該校第一次募集，只以二十名額為限，事屬創行，顧宏力黜。惟自教育上之意義言，此舉在中國社會，開一風氣，造端雖微，收效必大。故吾人不獨盼該校此舉之成功，並望其他各方面之繼起。

中國學校教育，為世界最富貴族性者，尤以大學為其。全國少年佳之人也。進而入大學，已為無機會。其得受初中高中教育者，運命特佳之人也。社會之貴族也。然運命佳者，才未必盡優，行未必盡卓。而孜學未必勤，成就未必大。中國之有公私立大學也，數十年矣。畢業者數萬人矣，而隨時隨處，猶生才難之歎。政治如險海，社會如洪爐，國家公私財力所培植之大學學生，在此國家過渡時代中，庸庸碌碌，不過其中一部分而已。近年所終。其能顯露頭角於學問事功者，年益加多；一部分有用力之家國家公私財力所費於大學教育者，然費用與效果，不能為正比庭，亦莫不儘力供子弟受高等教育。

五

《国闻周报》1931年第8卷第27期论评选辑——南开大学之新事业

学生的一线曙光。我们不但应当极端地赞佩南开，而且应替穷学生庆幸。但是，阴霾中的一线微光，怎能照彻去路？杯水车薪，哪能有济于事？希望享受最高物质生活的阔人，荣华都市里的财翁，国立、私立各大学的诸公，步着南开的踪迹追随上去。那么，不但穷学生的求学问题得到初步解决，就是国家社会也受益不少。"

据史料记载，中国航空仪表专家眘凌，1932年自南开中学毕业后，以优异的成绩考入南开大学；革命烈士刘毓璠1935年秋考取南开大学。他二人均因成绩优异而获得特种奖学金。1933年8月15日，张伯苓致函大陆银行经理谈丹崖，对其资助16名学生特种奖学金表示感谢。

风行一时的捐机热潮和航空彩票

1933年《天津商报画刊》中《津市的彩票狂》一文

20世纪30年代，天津的彩票业达到鼎盛，五花八门的彩票应有尽有，如福乐丽、英国小香槟、美国慈善香槟以及各种赛马香槟赛等，让人眼花缭乱。尤以1933年初发行的美国慈善券最为发达，每张彩票售价1元，每星期六开彩一次，分列头、二、三等奖，各奖项数额随售出彩票数额水涨船高，最初三个月头彩仅3000余元，后来增至4500元，最后高达6000元。人们抱着侥幸的心理，梦想着一夜暴富，于是，彩民们争先恐后地争购彩票，各彩票售卖行前场面火炽。1933年5月9日《天津商报画刊》中的《津市的彩票狂》一文，再现了当年彩民们的狂热。

1932年"一·二八"淞沪抗战中，日军的空中优势让中国军队损失惨重。痛定思痛，没有一支像样空军的国民政府，开始意识到航空在战争中的重要作用和地位。于是动员民众，有钱的出钱，有力的出力，发起一场"爱国捐机"运动。这场运动肇始于上海，不久便波及全国。上海市政府将市民的全部捐款购买了五架战斗机，1933年9月9日，在上海虹口机场举行了隆重的捐机命名典礼仪式，五机分别命名为"上海号""沪工号""沪商号""宁波号""沪童军号"。消息传到了天津，天津人不禁发问："天津的捐机呢？"

1935年第16期《大众》画报中的五机命名仪式

　　1933年3月，天津市特设立飞机捐，动员全市各机关和市民踊跃捐款，限定6个月捐齐，薪额不满30元者月捐3角，31元至50元者月捐6角，51元至100元者月捐百分之三，101元至200元者月捐百分之六，201元至300元者月捐百分之八，301元以上者月捐百分之十。捐款由各县、市机关主持负责人收缴后，汇解省政府。届时所有捐款将全部用于购买战斗机，投入抗战，并事先为飞机命名为"儿童号""津浦号""铁路一号"和"铁路二号"等。一时，全市上下一片爱国热忱，捐款活动开展得轰轰烈烈、如火如荼，体现出十足的大国民、大都市的风范。

　　津浦铁路员工对于爱国运动向不人后，捐机运动一经发起，他们就在淞沪抗战周年纪念日发出倡议，同时决定将津浦铁路局按月

《中华》画报中民国时期的飞机

发还员工欠薪的百分之三，作为救国飞机基金，在当年2月份扣除。此项捐款即可达到10余万元。平汉铁路员工也不甘落后，经工会理事会议定，所有员工一律捐薪5日，分5个月扣除。在此后的两年内，他们将永久每月捐薪一日。统计此项捐款可购买5架飞机。北宁铁路局因近十年来未曾加薪，员工生活略显拮据，但他们仍议决一律捐薪3日，分三个月扣清，总数在六七万元。北宁铁路局认为数额太小，遂再次开会决定：高级员司月薪在百元以上者，于普通捐外，另捐薪金的百分之三，一年为限；百元以下30元以上的低级员司一律月捐1元，半年为限。此项捐款于当年2月发放薪金时扣除，预计一年内可得捐款60余万元。

但是时间一天天过去了，6个月的光阴一晃而过，款子大家是捐出去了，但却没有见到飞机的影子，而且毫无政府方面购买飞机的

巾帼不让须眉，民国女性也要驾机翱翔蓝天

明星李旦旦在飞机前留影

消息，人们不禁开始怀疑了，询问捐款到哪里去了。正在此时又传来消息，有人控告北平的飞机捐捐进私人的腰包里去了。因此，就有署名"述之"的作者在1933年9月23日《天津商报画刊》上发表《天津的捐机呢》一文，代表民众责问市政府飞机捐的去处和购机情况，提醒那些捐款的人不要忘记自己的捐款，大家应一致呼吁，请政府彻底地清查一下。

1933年5月，国民政府航空公路建设奖券办事处，组织和发行"航空公路建设奖券"，颁布《航空公路建设奖券条例》。《条例》规定，奖券每年发行4次，每条奖券大洋1元，每期发行所得的10%用于彩票发行的各项开支，50%用于奖金，40%作为航空建设专款。官方通过报纸登广告、重点城市繁华街道张贴海报、专用飞机散发传单等形式大肆宣传。《天津商报画刊》从1933年至1934年连续报道了前几期航空彩票的发售和中奖情况。

1934年《天津商报画刊》对彩票得奖的报道

1933年9月23日《天津商报画刊》中《天津的捐机呢》

航空彩票第一期的头彩落在了南京，据说为行政院秘书长褚民谊和教育部长朱家骅所得，他二人都是国民政府政界红人，更属有钱人，这样锦上添花的结果，让一般民众极为淡漠，甚至失望，私下里认为或有幕后操纵之嫌。因此，第二期彩票的销售大打折扣，未见若何踊跃。但第二期彩票开奖后，头彩却落在了北平，传闻为某师长手下的一名司书和志成中学的一名穷苦女学生所得。当他二人领奖时，确定自己瞬间从一穷二白一跃而成巨富，不禁欣喜欲狂，喜极而泣。有了他二人中彩的榜样，民众的发财之念深入人心。第三期彩票的销售极为畅旺，北平男女老幼、贵贱贫富，争先恐后，纷往购之，如醉如狂之势、彩票魔力之大，断非第一、二期所能及，总售额竟达500万元。然而，第三期开奖后，头彩仍归属上海，为一名印度的红头阿三所中，获洋5万元。到银行领款时，他目瞪口呆，神经错乱，一切手续均由其友人代为办理。一时成为街谈巷议的一段趣谈。

第四期彩票刚开始发售，一些新闻小报和一班神经过敏者就开始预测这期头奖花落谁城了。一、二、三期的头彩均落于通都大邑，因此，他们预测第四期头彩的降落地不是武汉即为天津。预测消息传开后，居住在北平的人有的急往天津汇款托在津友人代购，有的则亲往购买。当时，天津各彩票行门庭若市，车水马龙，皆为同抱中头彩之望购券而来。其中不乏军政要人、商贾巨富，也有文人墨客、机关职员，更有一介穷儒、底层百姓，他们怀揣着同样一个梦想——破钞1元，购券一条，得中5万！彩票买到手后，时时关注着开奖的消息，夜夜做着暴富的美梦，甚至有人到大悲院、天后宫焚香祝祷。

然而，第四期开奖后，头彩再次落在上海，天津人又扑了一个空。天津人的失望之情自不待言，说起上海的得奖者，其中还有一段颇为曲折的故事。

这期头奖出自上海大新街亿泰汽车行彩票代售行。亿泰汽车行主人素与大运公司某重要职员友善，亿泰历次所购彩票均由主人委托友人代购。一星期前，亿泰主人又至大运公司该友人处，托其购买彩票若干，适值友人当时工作忙迫不得脱身，遂与彼商定，少顷差遣茶役送往。亿泰主人去后，茶房即将500条彩票送至亿泰行。亿泰主人称，数目太多，拟退回100条。茶房以主人吩咐500条，如退回100条，回去无法交差为由，软磨硬泡，请其帮忙。亿泰主人迫于无奈，遂勉强收留，照数付款。岂料开奖后，头奖即在原欲退回的100条内。该行同事闻此消息惊奇不已，都说这个头奖实系该茶房赠予。

获头彩两条的名叫王桂鑫，系光华大学庶务主任，为光华已故校董王省三的侄子，此职有年，向持俭德，服务甚勤，人多称赞。去年曾到一个卦摊算命，判语颇为滑稽，称王名桂而鑫，乃五行中一木二土三金之命，木得土而旺，土能生金，命中必有偏财。王桂鑫一笑而过，并未当真。后因光华大学在大西路校旁建筑新舍，他负责采买材料及接洽工程事宜，终日驰驱往来，经校方同意，雇用汽车代步。某日，见到报纸上刊登的大新街亿泰汽车公司广告，言称乘车10次（每次1元）赠航空彩票一条。次日起即租用该行汽车，共计20余次，得赠两条彩票，岂料竟中头奖。

但王桂鑫尚在欢喜之中，麻烦却接踵而来。该校当局以他原为校中办公，雇车费用皆由校方支给，既为校款得购，所得奖款自然不得独享，应划一半归学校。如果双方协商不妥，难免对簿公堂。一条彩票便要惹来一场官司。于是，世人不禁发出感慨，生死由命，富贵在天，决非人力所能强致啊！

我国新闻摄影先驱——黄英

他出身名门望族，在学期间追随孙中山先生投身革命，曾三次入狱，险被砍头；他是摄影器材公司的经理，虽因经营不善公司两年宣告倒闭，但从德国摄影师那里学到了摄影、摄像技术；他为黄埔军校校长蒋介石拍摄过16英尺的短片，是《良友》《大众》等画报的摄影通讯员，更因拍摄北伐前线战事而成为我国最早的战地记者；他通达乐观，性格豪爽，广交朋友，素有"小孟尝"

1929年第39期《良友》中黄英的作品

之誉，恩泽于著名导演卜万苍、但杜宇和《良友》画报主编梁得所等；他历任中央宣传委员会电影股总干事、中国教育电影协会理事、国际摄影新闻社社长等职，创办中央电影摄影场，致力于中国电影事业，积劳成疾，英年早逝。他就是拥有大少爷、革命者、老板、摄影家、话剧人、电影官员等诸多头衔的黄英。

从大少爷到公司老板

1899年，黄英出生于广东南海的一个名门望族，自幼聪颖，备受家人宠爱。在学期间，年仅15岁即追随孙中山先生加入革命党，从事秘密工作，曾两次入狱，均被家族疏通关系以钱赎出。第三次被捕后，官府宣布处以他和其他两名同党死刑。在法场上，他目睹左右二人先后人头落地，不禁眼前一黑昏死过去。待醒过来时，发现竟然躺在自家的床上，摸了摸脑袋还在颈上。原来，家族仍买通官方，念其年少无知而免除一死。不过，为警告他，家人商定吓他一回，以使他不再参加革命。

既然进学堂读书容易闹革命，家里便给了3万大洋的本钱叫他做生意。年轻的大少爷从此便开起了摄影器材洋行，自己做买办，把生意交给一个名叫葛洛斯洛的德国摄影师做销售经理。自此，黄英对开麦拉（Camera的音译，意为摄影机）产生了浓厚的兴趣，闲暇之余便向葛洛斯洛学习摄影、摄像。由于广州精通摄影的人寥寥无几，当地摄影器材市场尚处萌芽时期，供应远远大于需求。加之，黄英也不是做生意的材料，整天醉心于钻研摄影技术，从不过问生意，洋行支撑了两年便告歇业。黄英只得扛着几件价高无人问津的照相机、摄像机打道回府。生意失败了，他却熟练掌握了摄影、摄像技术。这一意外收获为他日后从事摄影、电影工作奠定了基础。

读书、经商都不成的黄英又开始涉足戏剧，很长一段时间泡在票房里扮起了花旦。谁能想到，当时已经微胖、20岁出头的黄英，粉墨登场后，却也唱、念、做、打颇具模样。

此后几年中，他一面扛着照相机、摄像机四处拍摄，一面以票友的身份搭班跑龙套。他的朋友很多，他时常请他们到酒楼吃饭饮酒。酒楼老板知道他曾是洋行的买办，又有深厚家庭背景，便任由他挂账。不知不觉中时光已至除夕，照例是清账的最后期限。身无分文的黄英想了个躲债的好去处，招呼着朋友来到一家名叫华盛顿的西菜馆吃晚饭。这家老板素来悭吝，脾气又坏，从不肯挂账。菜吃饱了，酒喝足了，黄英开始上演诈醉行凶的好戏，先是摔了一只玻璃杯，后是大骂老板，并伸拳蹬腿地做搏击状。他预料老板见状定会发火，呼来巡捕拿他进牢里过夜，债主们断然不会追到牢房讨债。岂料，事与愿违，那天晚上的老板不知何故忽然变得和蔼仁慈，不但原谅了他醉酒，还破例免了他的单，知道他家住西关，狭街不通车，更为他叫了一顶轿子径自送至家中。刚一下轿，他就撞见在家门口恭候多时的债主们。被他们推推搡搡地押进屋来，在遭到父母一顿训斥后替他清了账，年关这才过了。

早期的战地摄影记者

1924年的一天，黄家来了一位生客，点名要找黄英。黄英心想，无非是收账之流，未加理会。但来人却自称来自黄埔军校，专程请黄英到该校拍摄电影。黄英一听拍电影来了精神，立刻答应下来。当时黄埔军校校长是蒋介石，校方想为他拍摄一部纪录片，闻得黄英家里有开麦拉，便请他去拍摄。于是，黄英选了天气晴明的一天，扛着摄像机来到学校。国民党政要廖仲恺热情地接待了他，还特意给他冲了一杯浓浓的咖啡。黄英把开麦拉架在校门前，随着一声"开始"，蒋介石穿着笔挺的军装健步走出，黄英便开始摇动机器。但匣子里的胶片已经所剩无几，只拍到蒋介石从出门到上车就没片子了。黄英回到家，冲洗出来后只有16英尺，以至于根本不能放映。黄英的电影处女作被梁得所称为"晒在药纸上的、活而不动的影片"。

1922年后，随着上海的明星、联华、天一等电影公司相继成立，1925年初，广州也成立了一家影片公司。公司经理极力邀请黄英加盟担任摄影兼演员。第一部影片正在筹拍之时，"五卅运动""六二三惨案"先后爆发，继之是香港大罢工。这一系列的政治事件重又点燃了黄英的革命热情，他提议该公司全体演员演出话剧筹款声援罢工。公司老板出于盈利目的并不赞成，黄英便鼓动演员全体退出，自组剧团排戏公演，亲自承担推销戏票的任务。除向亲朋好友兜售外，他又想起与蒋介石总算有过一面之缘，便拿着两张百元名誉券到黄埔军校推销。不但票子卖了，校方还请他的剧团到军校演出一场。演出后，校方认为该剧颇能表现革命思潮，遂将他和部分演员留在学校，组成血花剧社。后来该剧团在北伐沿途每天对民众公演，宣传革命思想。当时的戏剧如同革命文章一般，简洁明快但标语化，剧情的起承转合公式化：强欺弱，弱觉悟，起而反抗，终得胜利。剧中压迫民众的强暴者，如军阀、土豪劣绅、帝国主义等都是主角。黄英便自告奋勇地专演这类角色。佩起嘉禾章，挺胸收腹，就是军阀神气；穿上长衫马褂，戴上瓜皮帽，大腹便便，像极土豪劣绅；换上洋服，头顶微秃，颇肖洋大人。每场剧演至民众联合起来的高潮，台上台下革命空气异常激奋，齐喊"打倒"。于是，黄英便在一片声讨中一次次被摔倒、被痛殴。

北伐战争爆发后，军方很注重政治宣传，沿途贴标语和图画，专设随军战地摄影记者，黄英便兼任了这些工作。在枪林弹雨中，他用摄影机捕捉到了许多珍贵的历史时刻，也尝尽了艰辛苦辣，比如爬到树上拍电影时被敌军发现，一通乱枪中险些丧命；又如因为过于劳累而睡过了头，队伍开走时他却浑然不知，在迷途中追赶队伍，做了四天的落伍者。他的付出是值得的，由此，他成为我国最早的战地摄影记者。经过这场战争的洗礼，积累了可贵的拍摄经验，他的摄影技术突飞猛进，摄影和电影也成为他终身为之奋斗的事业。

由于摄影技术的出现和发展，中国的画报也由手绘石印变为摄影照片，但这些照片多为名闺名媛、明星、儿童、风景之类。一天，《良友》画报的主编梁得所收到了一沓北伐战争的照片，记录的是汀

1928年第1期《新银星》的《北伐画史》介绍

泗桥的战事。片子颜色略显灰黄，显系匆忙冲晒的结果，却是之前尚未出现过的战场摄影作品。梁得所以职业的敏感性立即意识到这些照片的稀少可贵，马上与摄影者黄英取得了联系。1928年7月，良友图书公司利用黄英提供的近400张北伐战争的照片出版了《北伐画史》，成为我国现代史上最早的战地新闻图片集。

一生没有一个敌人

1934年第3卷第42期《电声》中《中宣会电影总干事黄英逝世》报道称："黄英交际广阔，健谈能干，与电影界以职务所在更为接近，时奔波于京沪道上，且在京创办东方影片公司及国际摄影新闻社。"同年11月5日《时报》中《我所知道的黄英》一文称："和黄英接触过的人，没有不给他的和蔼的谈吐所屈服，他从不开罪于人，所以一生没有一个敌人……在他的交友圈内，黄英向有'小孟尝'之称，急朋友所急，替他们找事情，养活他们，借钱给他们花用，在他的记忆中有如家常便饭。他平居绝对不拘形迹，把身心放浪于形骸之外。"

黄英在南京身兼数职，在文化界颇具影响力。为此，许多旧友到南京来投奔他。倘遇公家不能录用、无以安排之时，他便请朋友与他同吃同住，像当年的孟尝君一般，终日座上客常满。有段时间，他实在太忙了，朋友来信又多，他不能逐一回复，就请文书代写后签名寄出。一次，有位朋友来信戏称："来示，得兄亲笔签名，何幸如之！"阅罢，黄英深感惭愧，自此每信必亲写亲复。

黄英与著名导演卜万苍、但杜宇关系最为亲密。他二人每至南京时，黄不仅盛情款待，而且还介绍他们晋谒军政要员，为他们日后的电影事业铺路搭桥。他二人在电影事业上做得风生水起，黄英功不可没。1934年6月，但杜宇筹办《健美月刊》。因为该刊多为女性裸照，纯以肉感号召读者，同人担心不能通过官方审查，但杜宇则拍着胸脯说："有黄英在，必能通过。"果然，黄英以"《健美月刊》与时代新生活极为吻合"而使之于7月间与读者见面。

通过《北伐画史》，黄英与梁得所也成了好朋友。黄英来沪，他俩即借着午饭时间畅谈一回，除了聊新闻摄影外，谈的最多的就是黄英生活中的趣闻逸事，聊到乐处，二人屡屡捧腹。黄英曾对人说："梁某真是个性情中人，我赋闲无聊时，他请我到新雅（上海饭店名）饮茶，我乘飞机来往京沪时，他也请我到新雅饮茶。"梁得所到南京时，黄英习惯邀他到金陵春品尝南京菜。1933年深秋的一个晚上，是他二人最末一次见面。饭后，他们一起荡舟，畅游秦淮河。黄英谈起他当年的16英尺"活而不动的影片"，忆起他从大少爷到战地记者再到电影官员的传奇人生。梁得所认为，黄英跌宕起伏的经历见证了中国一个新闻摄影者的成长过程，不仅读者喜闻乐见，而且也为正在起步的摄影爱好者们提供了一个可供参考的样板。于是便约黄英写一篇小传，他欣然应允。不料，此约未践，黄英便长辞人世了。

积劳成疾　英年早逝

北伐胜利、新都奠定后，黄英继续在中央党部服务。远在广州的家人则盼他早日回乡团聚。正巧，广东省某要人也想聘他回去做些艺术工作。于是，他便打点行囊启程回粤。在广州，黄英时常出入某要人俱乐部——退思园。岂料，回来不多时，那要人便被赶下了台，黄英也在家赋闲一段时间。但他一心想着新闻摄影，1928年10月前后，便借机跑到香港做起了摄影通讯员。

当时摄影通讯员还不是一种职业，酬劳上毫无保障。黄英约了几个摄影记者共同为几种画报投稿，换得一些微薄的稿酬。黄英在香港度过几个月纯粹的新闻记者生活，自称是他"一生中最穷最乐的一段时光"。香港原是寸土寸金之地，为节省开支，黄英租住在一家汽车公司停车场的一角，每天早上，他都会被汽车喷出的一阵阵尾气呛醒，这也使他从未睡过一回懒觉。香港地界过小，可拍摄的素材实在有限。1929年初，黄英便来到了上海，一面替朋友筹设照相馆，一面继续摄影。这期间，他深入民间，拍摄了许多底层百姓的现实生活，发表在《良友》《大众》等画报上，真实地记录了民国

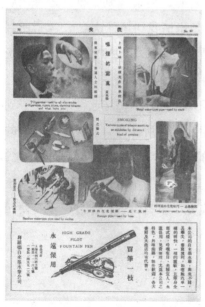

1929年第42期《良友》中黄英的作品　　　　1930年第51期《良友》中黄英的作品

老画报风尚志

时期的人生百态。生活虽然清苦，但他豪放如故。一日，他实在太累了，想到隔壁的浴池泡澡，但囊中羞涩，他一狠心把心爱的怀表当了5块钱，冲进浴池，泡澡、搓背、扞脚后又美美地睡了一觉。潇洒的代价是他出门时5块钱已所剩无几。

1929年5月，黄英再回南京，将主要精力转移至电影事业，历任中央宣传委员会电影股总干事、中央电影事业指导委员会委员、电影剧本审查委员会委员、中央电影摄影场场长、中国教育电影协会理事、国际摄影新闻社社长等职。同年6月1日，中华民国国民政府在南京为孙中山先生举行葬礼。在孙中山先生的灵榇从北平西山碧云寺迁至南京中山陵的过程中，黄英负责奉安大典的摄影工作。在灵榇专列前面加开了一列迎榇宣传车，黄英带的电影队、摄影队，在沿途的北平、天津、沧州、德州、济南、泰安、兖州、临城、徐州、符离集、蚌埠、明光、滁州等站台，拍摄了各地民众迎榇的场景。大纪录影片《孙中山出殡》、专题画册《奉安大典写真》《孙中山先生奉安写真册》都倾注了他的心血。

1929年7月出版的《奉安大典写真》中的中山陵全景

出任电影官员后，黄英试图探索出一条适合中国电影界发展的道路。他竭力帮助、扶掖、指导国内电影界，从来不用摧残、压迫的铁腕，充分发挥他超强的沟通能力，化解了诸多政府与电影界的隔膜。1933年10月，黄英在南京创办了国际新闻摄影社，翌年筹建中央电影摄影场。为了便于工作，他在场旁搭建了一间简易的茅屋，一连数月未曾回到家中。1934年10月10日，他因扁桃腺发炎而发烧，虽延医诊视，但只是治标的敷衍，以致引发痔瘘炎症，窜入肾囊，延及腹部，导致腹膜炎，昏厥于工地，同事急忙把他送至中央医院。

经外科主任医师沈克非等诊视，认为症候已达危险期，当即实施手术三次，输血二次。经连续5日的抢救，10月24日，黄英终因病势日深医治无效而逝，时年仅35岁。23日午夜，《影迷周报》记者曾到医院探视，弥留之际的黄英，仍牵挂着摄影场，向同人询问该场进度，黄天佐、余仲英等告以"摄影计划以及经费预算均已通过"后，黄英突然精神为之一振，面现笑容。在场的同人、好友无不感佩他的敬业和忘我精神。

1934年11月5日下午3时，在南京华侨招待所举行黄英追悼会，200余位社会各界人士前来凭吊，孙科、陈立夫、于右任和暨南大学常务校董马超俊等，中宣会、京沪各电影公司敬送花圈、挽联。国民党中央宣传委员会主任委员邵元冲主持追悼会，主任秘书方治和各界来宾先后致辞，众人一致肯定黄英在中国摄影界、电影界的地

1935年第16期《大众画报》中梁得所的《谈画报取材纪念一位摄影者》图文介绍了黄英

位和杰出贡献。重又忆起他生前所言："余以电影艺术为终身职务，余必使中央电影事业办有相当之规模，一时毁誉，不足为我累，将来自有事实为我证明也。"

　　黄英在广州老家遗有一妻一子二女。追悼会后，家人将其灵柩运回南海安葬。

早期的上海粤侨教育

1935年7月15日，旅沪粤人薛沛韶在上海创办《粤风》杂志，社址设在北四川路。《粤风》为月刊，至1936年10月停刊，共出刊12期，以介绍广东历史、民俗、风物、名胜为主要内容。第2期中的《上海的粤侨教育》一文，报道了粤侨在上海开办的中学、小学、幼稚园概况，记录了广东人当年对上海教育的突出贡献。

1843年上海开埠后，中外贸易中心逐渐从广州移至上海，敢为人先、长于闯荡的广东人随之进入上海滩，虹口是他们当年的主要聚居地，至1935年旅沪粤侨已达20余万人。他们在上海各行各业发挥着作用，可说是无所不有、无所不能。以事业言，百货业有先施、永安、新新，工厂有南洋、永安，娱乐业有体育花园，旅栈业有矗立云端的新亚酒店，食品业有分店如林的冠生园，教育界有规模宏大的粤东中学，金融业有信誉久著的广东银行。以团体言，有广肇公所、粤侨商业联合会、潮州会馆以及广东旅沪同乡会。此外，公益方面还有医院、义地、失业救济等。

旅沪粤侨之所以能够取得如此成就，是因为他们具有开天辟地的武器，这个武器不是刀枪剑戟，而是上海的粤侨教育。据上海教育界统计，截至1935年，广东人在上海创办的学校，除补习学校和附设的幼稚园外，小学、中学共有38所，学生总数达7363人。旅沪的20余万粤侨都能受到良好的学校教育，他们中每27人就有一人在粤侨学校学习，还有部分进入上海的市立学校读书。

以小学教育来讲，广东人在上海创办的小学共有34所，计男校27所、女校7所；在校学生6076人，男生总数3971名，女生总数2105名。这些小学分为三类：一是设备完善、成绩卓著者，如广公、广东、岭南、邬光、广女、崇德、培瑛、维兴等；二是时值发展时期者，如培坤、启萌、永中等；三是深受着经济压迫、无从发展者，为粤侨学校的大半。这些学校的经济来源大多靠旅沪粤商资助，其中拥有图书馆者有18家，而能够在上海教育局正式注册立案者只有7家。

以中学教育来讲，粤侨学校有粤东、崇德、广东和岭南第四中学等四所中学，学生总数为896人。前三所学校均取得市政府立案，唯有岭南第四中学时在申请之中。粤侨中学时在上海虽寥若晨星，却能蒸蒸日上，以粤东中学成绩最为卓著。粤东中学是上海粤侨的最高学府，也是沪上屈指可数的著名中学。该校拥有悠久的历史：1913年，粤籍教育家卢肇虔在上海北四川路清云里创办培德小学。1923年，在广东同乡会广肇公所的资助下，在北四川路横浜桥福德里，兴建三层楼新式校舍，更名为广肇公学，卢颂虔任校长。随着学生日益增多，校名日隆，1932年又在水电路建设新址，并于1934年增设高中，改称广肇中学。1935年复更名为粤东中学。粤东中学连同附属小学暨幼稚园，共有1300余名学生，100余名教员。1935年4月25日，新校落成典礼时，上海教育局曾派人参加，对该校校舍、设备、行政、教学、训育与学生成绩均有极好的评语，并传令嘉奖。因当时粤侨学校多为普通科，对于急需的生产人才尚无培养，因此粤东中学拟筹办职业科，以重生产教育，借以为旅沪粤商打造开天辟地的利斧。

此外，旅沪粤侨共有幼稚园8所，均附设于各中小学之中，学

1935年4月，新落成的上海粤东中学新校舍

生共391人。补习学校共6校，以业余商业、英文夜校、广东工艺传习所及白氏英专等校名盛一时。因均属夜校，学生人数每月时有出入，无从查考统计。

粤侨教育为上海各界培养了众多的优秀人才，在各行各业发挥着不可小觑的作用，而广东人的前沿科学技术和先进经营理念，也大大加快了上海的现代化进程。

宁园的第二场集体婚礼

清末，基督教青年会将西方文明引入中国，1935年6月、10月先后在宁园举办了天津最早的两次集体婚礼，曾经轰动一时，成为人们街谈巷议的热门话题。1935年10月15日的《北洋画报》图文并茂地报道了第二次集体婚礼盛况。

1935年10月12日，由天津基督教青年会举办的第二届集体婚礼在宁园礼堂举行，新人共有6对，较第一届的9对少了3对，据说是因为限制较为严格之故。他们分别是：申作槐、李芝英、吴世昌、李淑敏、盖运兴、杨凌霄、黄眉、陈式昭、徐永宽、李爱华、赵哲琳、董嘉福。然而，与此同时，在上海举行的集体婚礼却有新人148对，从中也能看出当年天津的适龄男女对这种婚礼形式尚不甚认同。

由于缺乏组织经验，第一次

1935年10月15日《北洋画报》对天津第二届集体婚礼的图文报道

集体婚礼人员庞杂，现场混乱。第二次的筹备人青年会总干事陈锡三不但进行了多次现场彩排，而且改善了仪式的规则：一是减少了现场人员；二是在来宾的请帖上均写明"6岁以下儿童谢绝入内"的字样，故而礼堂内未见儿童，会场内的喧哗之声也就较上次略有减小；三是童子军严格把关，遇有头戴帽子的来宾，童子军均鞠躬致意，客气地说："请你脱帽。"效果很好，大家也多乐于接受。因为，当时无论是在戏院和影院戴帽而坐的观众实不在少数。这与当时号称中国第二大商埠的天津的文明习惯实在不相符合。

天津第一届集体婚礼

下午2时许，新人们在东马路青年会统一梳妆打扮后，分乘花车途经大经路（今中山路）抵达宁园。新郎着天蓝色长袍、黑色马褂，新娘穿米色礼服旗袍、披西式白色婚纱。约3时许，证婚人、天津市长程克的代表市府秘书长孙润宇莅园后，在著名报人吴秋尘司仪下，仪式即行开始。新人由原系球房的休息室缓行而出，沿廊步入礼堂旁门。是时，无请帖的人遂将该廊包围，新人行至礼堂台阶时，摄影记者早已在此迎候拍摄。本来观众们一双双犀利的目光犹如枪弹向面部打来，已让新娘感心跳加速，更因所过之处与观众的距离仅有一二尺远，大家有如鉴赏古玩一般，在她们面部细细地端详，新娘个个面红低首，新郎也是热汗直淌。及至礼堂时，来宾亦集于中间走道，虎视眈眈地瞪着圆圆的眼睛。新人行走过程又需按照音乐的节拍举步，不能擅自提速。而前面的引领人曹、潘二位靓女甚是美丽，替新娘们引去了不少眼神，观众们纷纷议论说："两位引导姑娘要比新娘们都漂亮！"

秘书长孙润宇、社会局长邓澄波、青年会会长雍剑秋分别致辞，均是言简意赅。孙、邓二人皆勉励新人们互助互爱，容让谅解，极力争做模范夫妻。而雍剑秋除祝福外，尚表达此次集体婚礼的意义在于："你们是为国家民族而结婚，不仅是为自己结婚！"听了三人的致辞后，《北洋画报》的记者不禁感慨道："忆有西友结婚，其证婚人有'将来若是美满不必骄傲，若是不适合不必太灰心'之语，言外则有'合则留，不合则去'之意，此乃中西民族性不同之点。"

婚礼现场本来安装有扩音器，但不知是设备出了问题，还是因为来宾太过拥挤把电线扯断，扩音器完全失去了功效，尽管致辞人已经用了最大的气力，也只有前三排的人能够听到。不过，这不打紧，多数观众对致辞内容并不甚留意，他们的焦点皆在品头论足新郎新娘上了。有人小声议论说："这个胖新娘要是配这个胖新郎，那个高新郎配那个高新娘，他们互换一下岂不是更般配？"

证婚人孙润宇将婚书逐一授予新人，夫妻双方退后一步行鞠躬礼。宁园礼堂见证了这一庄严而又喜庆的难忘时刻。直到集体婚礼仪式完毕，曲终人散之时，那些没有请帖的观众仍等在礼堂外，再探新郎新娘的庐山真面目。

民国时期的"九九"体育节

进入民国后，虽然中国的体育运动发展很快，但官方却从来没有把体育列入政府议事日程，也绝少有资金投入。身为中华体育协进会会长、天津基督教青年会董事的张伯苓，一向以倡导全民普及体育为己任，早在20世纪30年代初，他就曾呈文国民政府，呼吁"为开展国民体育活动，为增强人民体质，恳请政府设立全国性的体育节"。鉴于国民体质日渐衰弱，以致影响中国各项事业的发展，1942年，在抗日战争的艰苦时期，国民政府终于下令，将每年的9月9日定为体育节。从此，全民性的体育活动在全国轰轰烈烈地开展起来。

1942年国民政府设立体育节

在中国历史上，体育活动的开展堪称久远。到了近代，特别是进入民国以后至抗日战争全面爆发前，随着经济的缓慢发展与社会近代化，尤其是西方体育活动方式和理论的逐步传入，中国的体育活动进入了一个新阶段。各级学校较普遍地开设了体育课，培养了一批师资和专门人才，民间相继建立了体育协进会、促进会、联合会等众多的体育社团组织，组织了华北、全国、远东运动会等一系列的体育活动，全国范围内的体育活动得到广泛的开展。然而，从北洋政府到南京国民政府,当时皆对此不予重视,绝少扶持。1929 年南京国民政府也曾颁布过《国民体育法》,但那只不过是一纸空文罢了,从未有人认真施行过。这样,就造成中国体育事业大大落后于世界水平的状况,如 1936 年在德国柏林举办的奥运会上,中国代表团在所参加的项目中全部失利,仅靠武术表演挽回了一点面子。通过这次世界体育大舞台的检验,身为中华体育协进会会长的张伯苓,清醒地看到了中国体育与世界体育

1946 年第 1 卷第 12 期《见闻》中的《九九"体育节在长春》

的差距,遂呈文国民政府,请求在全国范围内设立体育节,以达到全民参与体育,提高全民身体素质的目的。但国民政府当时并没有把张伯苓的呈文当回事儿,更没有把发展体育列入政府议事日程。

抗日战争全面爆发后,国民政府很快就尝到了体育落后的苦果。当时急需扩充军队,但由于以往不重视体育,广大民众更因生计艰难而无从锻炼身体,从而极大地妨碍了国民体质的提高,使得南京国民政府难以征募到合格的兵员——应征的"壮丁"不壮,多为"瘦丁"。据军政部 1937 年的一份报告称,该年数次降低入伍的身体标准,但不及格者仍占五分之三以上;随后考选空军时,身体合格者尚不到百分之一,从而引起了各方政要的震动。在一届国民参政会上,不少代表呼吁开展国民体育活动,以增强人民体质,国民政府遂不得不采取临时抱佛脚的方法,急抓体育。

1940年10月10日，教育部在陪都重庆召开了全国国民体育会议第二次大会，南开大学校长张伯苓在会上历陈发展全民体育的重要性和必要性。最后，蒋介石也强调："今后抗战建国的教育，就是要注重体育，重秩序，守纪律。"会议提出并通过了修正1929年颁布的《国民体育法》的议案。在张伯苓等一批热心体育人士的多方奔走和不懈努力下，1941年9月9日，国民政府公布了修订后的《国民体育法》，其中规定："凡中华民国国民均有受体育训练的义务，由此以改造国民的体魄，增进民族健康。教育部为主管全国国民体育的行政机关。"

1942年初，教育部呈文行政院称："为利用重九习俗（指民间重阳节登高的风俗）推行国家大法（即《国民体育法》），并为实施国民体育，纪念国父首次起义（即孙中山拟于1895年10月26日重阳节发动的广州起义）起见，特规定9月9日为体育节，并拟定《体育节举行要点》。"此议得到了行政院的批准，颁布全国执行。这是我国政府法定的第一个体育节。

特殊时期的体育节

1942年9月9日的体育节是中国历史上的第一届体育节。全面抗战爆发后，虽然大半个中国已成为沦陷区，中国百姓处于水深火热之中，但国民政府仍在重庆、昆明等地举行了"热烈而隆重"的体育节。

从同年8月开始，教育部国民体育委员会即对庆祝活动进行周密安排，重庆、昆明、成都、桂林、西安、汉中等11座重要城市和福建省的16个县，举办了系列体育活动，尤以重庆的庆祝活动最为突出。9月9日下午2时半，首届"九九"体育纪念大会暨首届重庆市运动大会在夫子池新生活运动模范区广场开幕。会后举行了系列体育活动：新生活运动模范区健身班的技巧运动表演，中华国术学会武术表演，英国驻华使馆对中国信托局、荷兰驻华使馆对中央银行的网球比赛，美国空军的垒球比赛，川东师范学生足球赛，滑翔机跳伞，儿童游泳表演，团体健身操表演，女子篮球赛，爬山，渡江，踢毽子等。其他各省市也因地制宜开展了一些特色活动，如江西的自行车比赛，西康的射击比赛等。

各地开展的体育活动，无疑为当时黑暗笼罩下的中国平添了一抹亮色，缓解了老百姓当时的恐慌心理。但也有人称之为中国特殊时期产生的一个怪胎。

1943年第二届体育节，在国民政府明令下，西南大后方国统区的各省市仍然十分重视。重庆在9月9日当天，除照例召开庆祝大会，举行体育表演等传统庆祝活动外，还别出心裁地举行了一次"民族健康游行"，体育表演队、女护士队、清洁夫队、马队、贴标语队，并有马车十辆，均布满卫生教育标语，每辆车内有儿童二人，表示注重儿童卫生之意。

但1944年、1945年的第三届至第四届体育节，则是在一种特殊的背景下进行的。

1944年，已处于世界反法西斯战争和抗日战争最后胜利的前夜，但国民党由于消极抗日，保存实力，坐等胜利而更加腐朽，整个战局每况愈下，在豫湘桂战役中丧师失地，一败涂地，引起国统区人心恐慌，民众对当年的体育节根本不可能有多少兴趣。

而对于像天津这样的沦陷区，当时日军侵华气焰正盛，国家处于垂危之际，早已沦陷的津城完全笼罩在日军的黑暗统治之中，所以，国家虽有明令每年举办体育节，但水深火热中的老百姓哪有心思做"商女不知亡国恨，隔江犹唱后庭花"的事呢？

抗战后的体育节

1945年9月9日体育节，恰逢当日在南京举行中国战区日军投降签字仪式，举国狂欢，万民同庆抗日战争的胜利，体育节当然也就无暇过问了。

1946年的体育节，是抗日战争胜利后的第一个体育节，各地皆隆重庆祝，特别是在当年沦陷区，举行体育节尚属首次，因而体育活动尤为火炽。南京的庆祝活动在9月7日即开始，7日当天与8日活动有游泳比赛，9日举行爬山比赛、网球表演赛、篮球赛与武术表演。而在上海，据《申报》报道，当天上午9时市体育馆举办了"体育与卫生"的演讲会，下午举行乒乓球、篮球表演赛。虹口游泳池下午举行游泳赛。体育节前后，全市还举行了"警察杯"篮球赛。

在北方的天津，9月9日，市教育局和天津体育协进会共同举办了天津第一届体育节。从8时起至下午2时，先是举行了群众越野跑，全市各机关、团体等30多个单位的6000多名代表在民园体育场举行了庆祝大会后，途经河北路、赤峰道、罗斯福路（今和平路）、东马路，过金钢桥至财政局广场，举行群众大游行。下午2时开始，在6个场地举行国术表演。晚间，特在天津基督教青年会举行了热闹的体育会餐和联欢活动。

一向倡导全民健身、与民同乐的张伯苓，兴致勃勃地参加了1947年第二届体育节的活动。

1947年9月9日，是天津体育界人士狂欢的日子，经过10天的紧张筹备，晨8时，随着越野赛跑发令枪的打响，天津体

1946年第2期《松花江》中报道的体育节

育节正式拉开了序幕。包括军、政、工、学等各界人员200余名选手参加了越野赛跑，他们自新车站（北站）出发，经月纬路、元纬路、金钢桥、大胡同、官银号、东南角、中原公司、劝业场、国民饭店、防盲医院、耀华桥、山西桥、河北桥，至终点民园体育场，全程近万米。长跑队伍浩浩荡荡，沿途引来无数行人驻足观看，且不时为他们鼓掌，加油助威。最终，第一名为于盛泉、第四名为马连城，他俩均为特意从唐山专程赶来参赛的开滦矿务局职员，第二名为窦文浩、第三名为赵光济、第五名为余正知，他们三人均为在校的中学生。他们所得的奖杯上分别刻有"我武惟扬""尚武精神""体育建国""建国之基""积健为雄"等字样。前五名获得银盾奖，由副市长杜建时夫人颁发。每位跑完全程的参赛选手均可得到一枚"九九奖章"，以为纪念。

上午10时，由国术学会及消防队等上千人在第二体育场进行了精彩国术表演，引来数千观众不住的叫好声。此外，在第一体育场、第二体育场、耀华中学和基督教青年会还分别进行足球、女子排球、网球、垒球、男子排球、篮球、乒乓球、羽毛球、器械运动的表演赛。参赛选手共计1500余人。

晚8时，在东马路天津基督教青年会举行庆祝晚会。晚会主持人为严修之孙、绰号"海怪"的严仁颖，无论在何时何地他都能表现得与众不同，给大家带来无限的欢乐。他用滑稽的口吻向大家通报了当晚的三部曲：杂耍、用餐、晚会。但在三部曲前他提议增加一个序曲，要每个人站起来报告自己的姓名、职业、年龄和生日。他说，既然是我的提议，当然由我自己起首。在他逐项报告后，有人喊道："还有外号呢？"他毫不犹豫地说："本人字海怪！"招得大家一阵哄堂大笑。接着，每个人依次报告，同样引起阵阵笑闹。轻松活跃的场面让大家感受到了浓浓的节日气氛。在郭荣启、张寿臣的相声和王桂英的抖空竹两项精彩节目后，偕夫人同来的天津市副市长杜建时，以全国体协天津分会理事长的身份向晚会致辞，在肯定了今年的成绩后，他希望大家仍然注重体育，在忙碌的工作中不要忘掉自己的健康。严仁颖向大家特别介绍了时为全国体育协进会理事长的张伯苓，多年苦心倡导教育、体育的经过，号召无论是搞教育，还是搞体育的各界人士，追随着这位德高望重的老先生干事业，就一定不会错！他还感谢杜建时对体育事业的支持，并向大家透露，市长夫人其实就是位优秀的体育运动员，她在成都华西大学当教师时，跳高、跳远和百米跑都曾拿过第一名。为了"堵"住"海怪"的快嘴，市长夫人连忙让人取来起士林特制的糖果，每人发了一包。

由于青年会食堂较小，容不下100多人同时就餐，所以，人们只得移至入门处的大厅聚餐。晚9时餐毕，在礼堂继续开会。看到有这么多人重视体育事业的发展，张伯苓显得非常激动，即兴发表了演讲。他感慨地回顾了49年来自己提倡教育、体育的艰辛旅程，通报了近几年来开展的各项体育工作，展望了今后体育事业的发展前景。最后他说，现在的体育已较49年前进步了很多，但比之世界各国又相差太远了。天津是华北体育的发源地，体育搞得有声有色，在全国也居领先地位，但诸位还要清醒地看到自己的差距，我们要走的道路还很遥远，大家更应该抬起头，加急步子向前走。希望大家齐努力，挽回颓风，恢复燕赵健儿声誉，担起建国重任。

国立国术体育师范专科学校和女师学院表演了精彩的游艺节目，宋惠苓的踢毽、王桂英的抖空竹表演尤其引人注目。晚会在一曲《教我如何不想她》的歌曲配舞蹈中落下帷幕。

但随着国民党在抗日战争胜利后违背历史潮流，坚持其一党专政的独裁反动统治，发动了新的内战，全国人民很快陷入苦闷之中，国民经济迅速恶化，物价飞涨，货币贬值，人民生活朝不保夕，体育活动因经费支绌而陷入了窘境，体育节庆祝活动遂呈江河日下之势，一届不如一届。

1948年9月，人民解放军与国民党军队的战略决战即将开始，国民党统治摇摇欲坠，为粉饰太平，安抚人心，国民党当局仍然举办体育节庆祝活动。但除南京外，各地多采取敷衍态度，只是举办一些小规模的活动，应付了事。在天津解放前夜，在依稀的炮火声中，天津的体育节也是草草收场。尽管这样，晚上的联欢活动仍在天津基督教青年会照常进行，只是少了几分生机，多了几分沉闷。

总之，新中国成立前，天津的历届"九九"体育节均以天津基督教青年会为基地，搞一系列的庆祝活动，这一天是中国体育的节日，也是天津体育界人士的节日。它凝聚了天津体育界名流，吸引了众多体育爱好者，促进了天津群众体育的发展。

风起云涌的老天津广播电台

20世纪20年代无线广播传入中国后，在各大城市相继发展起来。天津沦陷时期，日本侵略者为了实行"广播教育"，强迫居民和商店购买收音机，收听他们歪曲事实的新闻和诲淫的歌曲。当时天津的听众已达11万户。而抗战胜利后的1947年初，则增加到15万户。1947年3月，《益世报》记者先后到天津的9家电台采访，记录下了当年风起云涌的天津广播。

抗战胜利后，一些从大后方回到天津的人，都感受到了天津广播事业的迅猛发展。只要你一出门，无论是在繁华热闹的市中心，还是在恬静的水门汀住宅区，抑或是在低矮污秽的平民区，一串串清脆圆润的歌声、一段段悠扬婉转的古曲声，就会从商店、工厂、住户的门缝里飘出来，不由自主地闹进你的耳朵里。当年不管多么寒伧的烧饼果子店、小线店、小吃部，都懂得用收音机来招徕顾客。一些从重庆、昆明、贵阳和桂林来津的外地人，更是惊叹天津广播的普及，在他们那里，谁家要是有一台收音机，那该是多么值得骄傲的事情啊！

当时天津的广播电台分为国营和民营两种。国营的有天津广播电台所属的第一、第二、第三台，第四台正在试音之中。这家电台坐落于南市，隶属于中宣部中央广播事业管理处，抗战时期为日敌

1935年10月10日《北洋画报》中的中华电台主播王宗彦玉照

经营，1945年双十节时，由中央广播事业管理处接收，房屋、设施完好无损，时在华北堪称第一电台，规模之大、设备之完善，为各民营电台所望尘莫及。该台有三台广播机器，一台500瓦，两台200瓦，有大小播音室三个，装设布置极为科学化、美术化。下属有三个播音台：第一台专做教育类节目，上午7时30分开播，计有初级英语讲座、初级国文讲座、卫生讲座、时事新闻、健身操、音乐、工友时间、讲演、介绍、访谈、时事解说、劳工通讯、儿童时间、公民、音乐会、书报选读、时事评述、地方新闻、英语新闻和广播剧等；第二台和第三台侧重各种游艺节目，承接广告。这家电台依仗着在行业中龙头老大的地位，每月向每户听众收取200元的收听费，引起听众的普遍指责。当时民营电台尚且义务供应听众，作为有政府支持的国营电台反倒收费，实在让人难以接受。记者曾就此问题采访了该台负责人，此人更是连呼"得不偿失"，因为当时在政府登记的听户有4万多，未登记的为8万多，为了收取收听费，电台专门雇用50多名收账员，每月收取1000多万元的收听费，还不够收账员的开支，简直就是赔本赚吆喝。

该台对播音员要求很高，视之为技术人才，按学历、学识、工作能力和工作经验，将其分为四等，日薪最低者80元，最高者可得600元。该台的十余名工作人员组织了一个"天津广播剧团"，由第一广播室主任李钟麒担任指导，选择水准较高的剧本每日联播，先后播出了《野玫瑰》《明珠曲》《雷雨》等。在播送时极力避免拉杂而混淆听众的词句，以抑扬顿挫的声调表达出剧中人的悲欢离合、喜怒哀愁，还能借助声音表达人物动作。广播剧成为该台的一个品牌节目。

从1946年11月起，天津的民营电台风起云涌，在短短的四个多月里，相继成立了中国、中行、华声、世界、友声、宇宙、青联等7家。

中国广播电台是抗战胜利后天津建立的第一家民营电台，于1946年11月12日孙中山诞辰纪念日正式开播。但电台机器为各电台中最小的一部，电力仅有100瓦，所以声音较小，效力较微，1947年中旬改造成为500瓦。该台采用股东制，董事长为警备司令部参谋长严家诰，负实际责任的是经理阮一成女士。为了节省开支，除了每日两次有关科学、家庭、卫生、妇女的讲座，一次各地商情行市，两次报告国内外或地方新闻，一次话剧广播外，其余节目完全使用唱片，如西方音乐、国乐、平剧、评剧、杂曲和流行歌曲等。即使这样，该台的听众和承接的广告一点也不比其他电台少。

中行广播电台为中行股份公司事业单位之一，成立于1946年12

月，内部工作多由公司方面人员兼理。拥有两个播音室，除各种游艺节目外，注重商情行市是该台最显著的特点。每天上午9时10分开播，报告天津及各地商情六次之多，差不多每隔三个节目就要报告一次。该台的这一特色在当时物价一日数涨的情况下，给商人们带来了很大便利。所以，该台的听众十之七八是买卖人。其他节目还有英语讲座、儿童讲座、社会服务、广播剧等。1947年后又增加了主妇时间、青年修养、世界语讲座和欣赏讲座等。担任该台广播剧播音员的是来自兄弟剧团和胜利剧团的演员，在听众中相当具有号召力，因此拥有较高收听率。为了迎合商人们的兴趣，特设多种游艺类节目，京东、西河、奉天、梅花四种大鼓轮流播放。该台广告收入相当可观，有时一个娱乐类节目就能收到30多个广告，但在各类讲座时间从不插播广告，以示郑重。

在七个民营电台中，华声广播电台的规模和设备算是最齐全的，拥有两个宽大的播音室。但因成立时排场较大，开支过度，故最初两个月赔累很多。三个月后营业稍有好转，收支可达平衡。该台以各种讲座类节目为号召，有风土、宗教、科学、兵役、医药、儿童、道德、法律、妇女等九种，每天每个讲座播出20分钟，轮番播出。但后来为了盈利，也不得不增加了游艺节目。1947年3月，每天的30个节目中游艺节目就占了20个。该台成立之初，曾以每月360万包银，约请歌星白光演唱流行歌曲，但却未能达到预期效果，没有拉到几个广告，只得草草收场。该台负责人不禁连连感叹道，天津人真是太偏爱曲艺了！

世界新闻广播社的特征是以新闻为主，用广播的形式报道新闻、通讯、专论。因此，其内部组织跟报馆的极为相似，设有编辑部、经理部、工务部、会计室。编辑部下设社论委员会、编辑组、采访组、资料组、传音组等。为提高听众艺术水准，特组织歌咏研究会及戏剧研究会，发表研究成果并定期举办各种演唱会、演奏会。该台约请了两位专业记者，在国内各大城市特聘10名特约记者，每天出勤采访，撰写访谈、消息，第一时间播报最新时讯。台内则专门有人将天津各种报纸上的重要消息摘要转播。由于侧重新闻报道太过明显，收听率不高，广告收入微少，业务大受影响。开播时间不长，已呈月月亏累之势，甚至有临时借钱开伙食的情形。该台老总欲哭无泪地说，在号称华北工商业中心的天津，要推进文化，发展新闻事业，太不容易了！

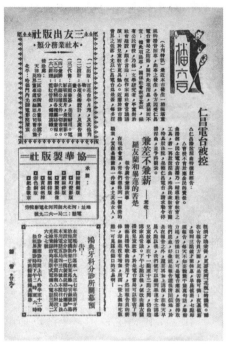

1937年5月出版的《百花台》中对天津仁昌电台被控的报道

友声广播电台坐落在陕西路与日租界交界处的安养里2号，严格地说还算不上一个工作室，只是一间狭窄的平房而已。走进这家电台，寒伧之情油然而生。狭小的办公室、低矮的播音室、稀少的工作人员，支撑着这个风雨飘摇的局面。但这里却有着极富苦干精神的员工，设备简陋、条件恶劣、电台还不管饭，每人每月的薪金只有15万元，但他们却肯拿全部开支的一大半，聘请小君秋、小艳秋、王砚秋等当红艺人在黄金时段来台演出。每晚7时40分，年轻的台长郑晓帆亲自披挂上阵，主持专题教育讲座。但在当时的时代背景下，只凭苦干还远远不够。

宇宙广播电台据说是北平某军事机关附设的单位之一，实质上是国民党的一个秘密电台，其主要目的不在于盈利或供民众娱乐，只是负有某项不可告人的重要使命。该台每天20个节目，上午11时40分为家庭时间，下午1时20分由律师公会各常务理事讲座法律知识或常识，下午4时为儿童节目，6时50分报告新闻，7时50分有一个特别的节目——文艺诵读。星期四、星期六的晚间，特请天津卫生局各单位的主管、各医院院长来电台做卫生专题讲座，邀请市警察局各级负责人讲座交通常识和违章处罚规则。说来也怪，这家不求盈利的电台，却能月入广告费达2000万元。单凭这笔可观的广告费，该台竟然可达收支平衡。

青联广播电台是抗战后成立最晚的一家电台，1947年3月1日正式播音。该台由青年联谊会创办，旨在服务天津青年，指导青年生活，所以，广播节目多有迎合青年人志趣或应其需要而设。每天上午9时5分起开播，设总理遗训、书报选读、青年讲座、社会服务、职业介绍、儿童时间，以及英语、法律、医药、妇女、戏剧等讲座。电台工作人员也多为青年，且有部分是义务服务的志愿者。当时与该台长期合作的有艺华和春潮两个剧团。

天津各家民营电台的全部开支，均靠广告收入维持。因当时战乱频仍，工商业不景气，要发布广告的商家越来越少，电台却是越来越多，难免有僧多粥少之恐慌。为了增加收听率、赢得商家的垂青，各电台不惜血本，高价约请小蘑菇、小彩舞、赵佩茹、刘文斌、小君秋等当红艺人来台演唱，或者大量播放缠绵悱恻的言情歌曲。当局也曾明令禁止播放《桃花江》《节节花开》《怨情郎》《花花姑娘》《洞房花烛夜》《等郎来》等靡靡之音，但这些歌曲仍在天津的各个角落飞散，有关部门也是睁一只眼闭一只眼。

1947年初，交通部明令天津市政府，除国营电台外，天津只准许设立三家民营电台，没有取得许可证者一律取缔。但每家电台都有自己的后台和背景，故而没见哪家电台被取缔。在动荡的年月里，政府和电台也都是心照不宣。

天津早期的观光游览车

　　"七七事变"后，日军疯狂地轰炸了位于今金钢公园旧址上的天津市政府和李公祠、宁园等地。天津沦陷后，宁园被日军侵占，建筑设施损毁殆尽。抗战胜利后，市政府对宁园进行简单的修缮后重新对公众开放，但由于时局不靖，园内游艺全部停顿，景致面目全非，加之距离市区较远，交通不便，宁园数年内游客寥寥，几近荒废。

　　1948年初，天津市政府接连接到市民来信，反映市区内可供游客休闲娱乐的公园甚少，虽有第一、第二、第三公园，但多被军队或机关占用，尤其每至夏日百姓几无消夏避暑之所。《大公报》《益

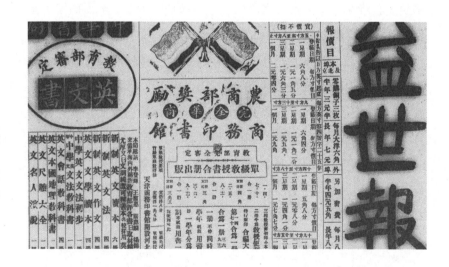

世报》等新闻媒体也推波助澜，呼吁市政府尽早采取措施，修缮旧有公园，增添新建公园。为了满足市民要求，安抚社会舆论，市政府责令工务局、公用局设法解决并上报具体方案。

工务局认为，北宁花园虽在抗战时期多有破坏，但湖水、石桥、回廊、亭阁犹在，倘若稍事修整，便是市民消夏之好去处。唯因园址偏僻，交通所限，游客只能望园兴叹。为便利市民前往北宁花园游览起见，1948年5月16日，天津市政府公用局公共汽车管理处拟

20世纪30年代的北宁花园内景

定了设立北宁花园游览车专项方案。游览车专线从1948年7月10日正式运行通车。上行车由中心公园至北宁花园，上午8时始发，至晚8时末发，每小时发车一辆，行车路线为：从中心公园直达东北角，循一号公交车路线至律纬路站，转入昆纬路，经四经路至中纺七厂，最后抵达终点站北宁花园。下行车由北宁花园至中心公园，上午9时始发，晚9时末发，每小时发车一辆，行车路线循原路返回。沿途在东北角、元纬路、月纬路、律纬路等地设立车站，上下

乘客。票价为每段2万元，全程4万元，两段之间以东北角为分界点。为了维持专车运营秩序，每辆车上设置稽查队员二至三名。为补给公共汽车管理处的燃油费和勤务人员薪金，该管理处特别规定：军、宪、警一律购票，概无优待，所有免票证无效，公共汽车管理处工作人员除负有勤务者外亦须一律购票。市政府于6月20日批准了这一方案。随后，公共汽车管理处在全市范围内张贴布告谕知市民，报纸、电台也做了相应的预告。

游览车专线从7月10日开始运营，但由于专车每日乘客稀少，不得已，从17日改为每逢星期六下午2时至9时，星期日上午8时至晚9时，每小时对开一次。26日，该管理处再次发布公告，游览专车因乘客稀少，汽油价格飞涨，难以维持，由即日起暂停行驶。

试想，国民党后期物价一日数涨，金圆券飞速贬值，老百姓竟要用担子挑着金圆券去排长队抢米抢面。在这样民不聊生，啼饥号寒的时代背景下，在人民解放军解放天津的隆隆炮声即将响起的前夕，老百姓连自己的温饱和性命都不能保证，哪会有闲情逸致去逛公园呢？因此，北宁花园游览车如此短命也就不足为怪了。

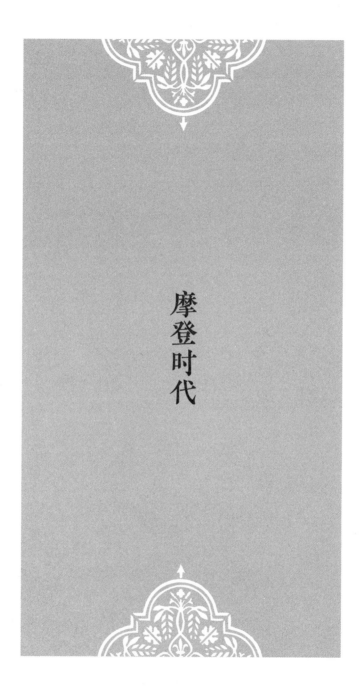

摩登时代

中国早期的"非诚勿扰"

　　著名导演冯小刚的代表作《非诚勿扰》，演绎的是当代中国的征婚故事。据史料记载，早在清末民初，我国已有征婚启事。查阅民国时期报刊广告栏中的征婚启事，也往往在末尾处写上一句"无诚意者，请勿尝试"。

　　我国古典小说和戏曲中，常有抛绣球招亲的故事。当年的姑娘到了婚嫁年龄，有些大户人家的千金小姐就要高搭彩楼，公告天下，预定日期，抛球招亲。当日，求婚者齐集彩楼之下，姑娘暗自相中意中人，便将绣球向其抛去。当然，姑娘不是灌篮高手，往往把绣球抛偏。这"抛绣球"的结果或许不是你情我愿，但姑娘多相信命中注定，谁得了绣球便跟谁成亲。因女方不是官宦人家便是商贾巨富，男方自然像中了彩一样欢欣鼓舞地接受。记得京剧《红鬃烈马》第二折《彩楼配》，就讲述了唐丞相王允的三女儿王宝钏，在十字街头高搭彩楼抛绣球选婿，绣球偏中花郎薛平贵。王允嫌贫爱富，悔却前言。王宝钏遂与父三击掌后随薛平贵投奔寒窑，演绎了一段悲欢离合的爱情故事。这抛绣球招亲被认为是我国最早的征婚。

　　最早刊登征婚广告的当为蔡元培和章太炎两位先生。1900年前后，蔡元培先生留洋归来，公开刊登启事向全国征婚。他对应征对象有五个条件：一、女子须不缠足；二、须识字；三、男子不娶妾；

四、男死后，女可再嫁；五、夫妇不相合，可离婚。由此可见，蔡元培先生不仅绅士开明而且尊重女性，他的条件既约束自己又为女性着想。相比之下，章太炎先生的征婚条件则保留一些旧时文人的老情调。他要求女方应是个大家闺秀，能写小文章。最重要的是，女方婚后需居服从地位，显然没有脱离三从四德的旧窠。

1946年第3期《新声》刊登的《章太炎的征婚启事》

1934年第10卷第15期《摄影画报》中的《章太炎的征婚启》

随着民办报刊为主体的民族报业日趋兴旺和新闻出版业的全面发展，征婚广告开始见诸报刊。查阅当年的《申报》《大公报》《益世报》《民国日报》《顺天时报》《北洋画报》等报刊，可以找到数千则五花八门的征婚广告。笔者找到最早刊登的征婚广告，是1921年12月22日《申报》上的一则落款为"白云"的征婚广告："刻有某君思娶一女，须得品貌才学俱全，年岁20以上，无有嗜好，身家清白。请将详细履历、年岁、籍贯，投函至新闻报馆第98号信箱，如不合意，恕不答复。"

1924年2月20日《民国日报》刊登了《变相的媒婆——征婚广告》一文，说明征婚广告在当时已是司空见惯。同年2月15日，《天津妇女日报》社接到北京寄来的一则征婚广告："女子注意！中学女学生注意！征婚启事。吾友黄无必兄，现为国立某大学肄业，为人极和蔼忠厚，性沉着而笃于学，富活泼向上的精神，其家则小康，其年已弱冠矣。现拟在京择婚，特托我广为介绍。我觉得现代男女，社交不公开，欲使男女自由恋爱之实现，是不可能的。这是青年男女们所同感的困难。现在比较认为适当的办法就是广告征婚了。这是我代吾友办理广告征婚的动机的意思。名媛闺秀，通人达士，当不以为怪也。凡有年20岁以内，在中学毕业或肄业及曾受过适当教育之佳人才女，愿意适人而又有诚意与吾友合作者，均请将姓名、年岁、籍贯、住址、履历、性格、志向、嗜好及家庭状况、求学经过等项，详细叙明……"

1948年第4期《今日画报》中的《琼娘征婚》

征婚广告的普遍出现，也衍生出了许多以征婚为题材诗歌、随笔、评论、小说和电影。如1925年5月29日的《顺天时报》为征婚广告还配写了四首小诗，今日读来，也可领略到当年征婚广告中的风雅。

若为色相若为声，大似唯心定未成；八字打开无隐匿，更嫌何处不分明。

一重雪上一重霜，断送春光去渺茫；不借东风些子力，梦魂从此不成香。（原文注：去年12月1日新闻报《快活林》登了一条张韵秋女士征婚广告，介绍人是……）

的的三身只此身，空教睹面隔前尘；哪堪更问张三李，半是阎浮谤法人。

飘零桃梗逐风潮，剩得红羊劫后身；几处白杨新厝家，三年碧血痛慈亲。故园空洒铜驼泪，客邸频惊铁马魂；未复大□犹忍死，溯回往事只酸辛。无端漂泊作依刘，坠地今将二十秋；学禀鲤庭□咏絮，味思鲈脍莫登楼。蜉蝣身世空余恨，文字因缘孰与亲；太息中原方扰攘，欲从范蠡泛扁舟。

虽然征婚风行时间不长即遭一些保守士绅的抵制甚至谴责，但同时也有些超前人士刊出一些奇葩的征婚启事，读后让人瞠目。如1926年5月21日《申报》中的《一张离奇的征婚广告》一文披露了一位留美男士征婚启事，这则启事所列条件，就是放在今天恐怕也难以令人接受。

该文作者赵宣有一位从汉江归来的朋友，提供给他一则"空前所未有见过"的《留美文学士陈征婚广告》：

鄙人今年25岁。湖北武昌人也。曾卒业于美国著名大学，得有文学士学位。现任武汉某专校教授，每月有三百元之进项，家有恒产。现拟征求一位同情的女士，以为内助。须具下列之资格者为合格：

1. 年龄自18岁至23岁，籍贯不论。须身家清白，但人品只求面无麻子、身无斑点。学问：曾受过五年以上之家庭教育、十年以上之学校教育，稍悉育婴经验者。

2. 三年以内自问能可为鄙人生得子女三人以上者，并使鄙人可不得生纳妾之心欲者，最为合格。

凡自问具有以上之资格者，请开明详细履历，随附最近之全身裸体照片，函寄武昌邮政总局拣信处转交。合则约期面试，不合原件退还，保守秘密，以重道德。

此君不论貌美与否，但求"面无麻子、身无斑点"，空口无凭，寄来裸照，亲自验看。观此启事，笔者不禁感叹此君的大胆和勇气。他追求完美已近乎变态，俗话说人无完人，更何况"面无麻子、身无斑点"者，恐怕世间难觅。在当年女性视贞节为生命的传统观念下，试问有哪位未婚少女能将自己的裸照随便给一个陌生人？就是想给，在当时摄影技术尚不甚发达的年代，在一般的家庭中，如何找到一位摄影师给自己拍裸照？倘若这些裸照流传到坊间市上，那么这位女性还有无脸面活在世上？所以，我相信此君的广告肯定是白瞎了。

早期刊登征婚广告者局限于男性，这也说明男性在婚姻问题上的主导地位。但随着男女平等、妇女解放思想的深入人心，一些新女性也不甘人后而主动出击。1927年7月25日的《申报》刊登一则女性征婚广告："先父前清举人，遗下兄妹，先母临终嘱我抚养。现小妹年16岁，中西女塾读书，性温柔，善家政。如有20岁左右青年，身家清白，家产数万者，带四寸照片及姓名、住址、家情、履历表，上午10时到宁波路10号典业银行楼上陶文接洽。"从这则广告中可以看出，当年征婚后还不是要求应征者先写应征函再选择性地见面，而是有愿者直接到约定地点见面。而在1928年11月1日《申报》上的某女征婚就开始是先投函并由报馆代收了："某女，身出名门，工诗善画，年方18岁，父母爱若掌珠。兹因欲得子婿，特为征求，冀作雀屏之选。1. 年龄17至22，身家清白，品学兼优；2. 女方虽有相当妆奁，征者须有职业，经济独立之可能（如中选后尚有求学期内，得资助其学费）；3. 开详细籍贯、履历、住址及其知友一二人之住址。寄《申报》馆第336信箱。"女方虽是富家子女，但要求男方有职业、经济独立是必不可少的重要条件。

再如同年12月12日《申报》刊登了一则女子征婚的趣闻："花女士，绮年玉貌，美艳无比，父母爱若掌珠，欲予选择佳婿，乃刊登征婚于各报。有个王生的男士，翩翩年少，竟获雀屏之选，既尔文定择年内结婚。惟王生未见花女士庐山真面，引以为憾。乃托词冬至送礼，在三友社购清气帐一顶，拜见丈母，慰问未来丈母置办妆奁之劳苦。盛称清气帐之优好，冷天既可避免风寒，又可透达空气，为最新式最合卫生之帐子。嘱丈母不必另做，备为新床应用。"这段趣闻告诉我们，当时女子征婚还是有别于男子，征婚者与应征者只是书信往来，婚前并不见面。

至20世纪20年代，无论男女征婚，征婚启事的模式基本定型为三部分：一是征婚者的自我介绍；二是对应征对象的要求，即征婚条件；三是明确联系方式。

刊登广告不仅是初婚者的权力，再婚者也陆续加盟进来。1928年4月28日《申报》上的征婚人就是一位再婚者："兹有某君，系医科大学卒业，悬壶海上，历有年所。刻急欲续弦。如有闺女、名媛（再醮之妇亦可），年在20岁以上25岁以下，身家清白，姿容楚楚，并有相当学识，愿意应征者，请具详细履历及全身照片一张，寄至福州路9号5楼陈仲良收转。合则面谈，不合则将照片发还并严守秘密，决不泄露。特此登报征求，即希公鉴。"

在旧中国，上海、天津、广州、苏州、重庆等均曾设立外国租界，拥有许多来华的淘金者。有些外国人早期来华，他们的儿女就出生在中国，自小在中国长大。他们不仅会中文，而且也适应了中国的生活习惯，接受了中国的传统文化，所以一些未婚青年也愿意找一位中国姑娘作为终生的伴侣。他们也在报刊登载征婚启事，如1928年5月29日《申报》的一则男性征婚启事："英国少年诚意征婚，英人某君，年27岁，现供职于上海租界行政方面，有永久之地位，兹以极诚恳之意征求华人高尚女士为终身良伴，以共谋家庭幸福，应征来函，绝对保守秘密，请投函本报天字信箱326号。"同年12月12日《申报》上的一则法国女子征婚启事："年轻法女，面容秀丽，性贞静母，俄籍，通英、法、俄语言及文字，现因孑然一身，故急欲征一高尚华人结为夫妇，有意者，请写法或英文投本报天字632号信箱。"这两则征婚启事内容简洁明了，征求条件均为宽泛的"高尚华人"。一是说明他们的随意性，不管条件如何，见面看了人再说；二是说明他们担心没有多少中国人肯接受一个外国人，应征者不多。

1941年11月11日这天，《申报》上刊登了一位在上海住亭子间的外国朋友的征婚广告，字里行间，透出了真诚坦白和风趣幽默："金汤，印第安混血种人，28岁足，中学差一学期辍学。现在千万国公寓招待员，午餐时间充绅士食堂仆欧，礼拜六晚并任无线电城播音人侍候员。执有国家银行A种特便储单存折一扣，计积数394元（利息尚未计入）。个性积极，脸皮不薄，体重140磅，经富克医生签字证明，并无花柳病。如有淡于小姐气味，而能惯过亭子间生活者，请于星期日上午亲自到绵羊宿舍16号面洽。"后有消息称，他已征到了一位美丽贤惠的伴侣，并且他们的家庭还被誉为"乐园之家"。

进入20世纪30年代,报刊上的征婚、征友、征侣等启事日渐增多,随之而来的就是乱象丛生,有言辞荒谬、有伤风化者,有借此捉弄人者、开玩笑者,更有骗财骗色、拐卖妇女者。因此,天津、北平等地就曾有取缔征婚广告之举。1935年2月21日《益世报》载,天津市政府特令公安局予以取缔,派检查人员随时注意。为此,市政府发布公告称,查本月2日,某报广告内有征求女伴广告一则,言辞荒谬,有伤风化,亟应严予查禁。合行抄录原报,令仰该局遵照。转饬该报社立将该广告停止刊登,并通传各报社,嗣后遇有此类事件,一体禁刊毋违。市公安局遂勒令该报社将此征婚广告撤销,并函知全市各报馆嗣后有类此事件,一体禁刊,并转知检查各员随时注意。

据《益世报》载,1936年3月,由于北平因征婚而发生的诈骗案与日俱增,北平市政府遂出令禁止。此后一段时间内,北平各报此项广告始行绝迹。

但因征婚对适龄男女有需求,也有市场,政府的一纸禁令只能限令一时。尤其是抗战胜利后,报刊上的征婚广告更是花样翻新、层出不穷。

中国最早的空中婚礼

19世纪末，随着中国社会的发展和西风东渐的影响，沿袭了数千年的"纳采、问名、纳吉、纳征、请期、亲迎"传统六礼婚仪，发生了根本改变。一些知识分子和追求时尚的国人开始接纳西式的婚仪，从凤冠霞帔到洁白婚纱，从六礼之仪到教堂神父，从父母之命、媒妁之言到男女平等、婚姻自主。而1929年圣诞节，国民革命军第十路空军司令刘沛泉与南京女子中学女教师王素贞，在上海虹桥机场乘坐沪蓉航线民用第一号飞机，在空中举行的一场浪漫而刺激的婚礼，则成为中国的第一场空中婚礼。报章胜载，传为美谈，盛赞他们是"名副其实的在天愿作比翼鸟"。

刘沛泉（1893—1940），字毅夫，1893年生于广东南海县联镳村（今松岗），毕业于南苑航空学校。1922年，受云南省都督唐继尧之命充任云南航空处处长，1923年，任云南航空学校校长兼第十路航空司令，云南政变后遂被解职。北伐战争爆发后，革命军到达浙江后，曾派他赴上海策动上海航空界人士起义，事成后南京政府任命他为东路航空司令。但因他不是蒋介石的嫡系，时间不长即被解职。1928年，开始创办滇粤商团航空，并受云南当局之聘筹办云南民用航空公司。其间，购买了"昆明""金马""碧鸡"三架美制客机。1929年秋，公司开辟京滇、粤滇两条航线。

当年，由于飞机事故率很高，人们多将航空视作畏途。在云南开辟民用航线时，一是为了试航，二是为了广泛宣传，消除民众的恐怖心理，从1929年6月至12月，刘沛泉偕飞行队长陈棲霞、队副李嘉明和机械长方敦信等人，多次在云南、南京、广州、上海之间试飞。

8月3日晨6时20分，他们在广州乘"金马"号飞机做第一次京粤飞行，用时整整7小时，于下午1时20分安全抵南京，创造了中国航空史上的新纪录。8日清晨8时飞机抵达杭州时，适逢西湖举行盛大的博览会。刘沛泉认为这是一个宣传的大好时机，飞机遂在博览会上空绕飞一周，再由城内经过，视察钱塘江上指定闸口等地，于11时半缓缓降落于钱塘江码头的水面，受到地面上2000余人的热烈欢迎。

其时，张发奎的部队正在桂林，陈济棠遂派刘沛泉偕同队长陈棲霞等乘"金马"号，前往张发奎军所在地实施侦察，第八路总参议陈章甫随行。10月初，刘沛泉一行乘"金马"号飞往广西。因飞行队长陈棲霞当日生病，飞机由另一名飞机师驾驶试航，更因梧州机场过小，飞机降落时机翼轻微折伤，刘沛泉的腰部也在事故中受轻伤。嗣转至福州市立医院休养三日后康复，遂乘"珠江"号返回广州。

王素贞自幼失怙，为美国传教士抚养长大，毕业于沪江大学教育科，时任南京女子中学教员，英语极佳。据说，在购买美国飞机时，王素贞曾充任翻译。他二人一见钟情，在合作中进一步增进感情，确立恋爱关系。因二人以飞机而结缘，遂定于1929年圣诞节当日乘坐飞机举行空中婚礼。20日，刘沛泉由广州乘坐"俄罗斯"号邮轮抵达上海，筹备婚礼事宜。王素贞也于24日乘火车抵达上海。

《申报》、《益世报》、《良友》画报等报刊，以图文的形式分别记录了这场别开生面的婚礼。25日午后1时许，上海虹桥机场已是车水马龙，人头攒动。双方亲友、贺客达200余人。机场停机坪上是沪蓉航线上的两架红色新飞机——沪蓉五号和六号。迨至3时许，其中一架较小的沪蓉五号先行起飞，绕场数匝。一对新人和证婚人沪江大学校长刘湛恩博士、介绍人军政部航空署飞机师权基玉女士，相继登上较大的沪蓉六号飞机。飞机起飞后在空中略做盘旋后直冲云霄。当飞机抵达一定

上海《良友》画报再现了婚礼盛况

高度飞行平稳后，结婚仪式开始。一对新人宣读结婚证书，互换结婚戒指，证婚人、介绍人在婚书上盖章，宣告礼成。4时许，飞机缓缓降落。大家走出飞机后共同合影留念，一对新人向亲友致谢后乘坐汽车至沧州饭店。值得一提的是，这场婚礼还有一架摄像机全程摄影，一部名为《航空大家刘沛泉飞机师与黄（王）素贞女士空中

1929年12月26日《申报》对这场婚礼的图文报道

摩登时代

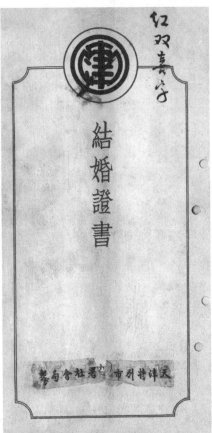

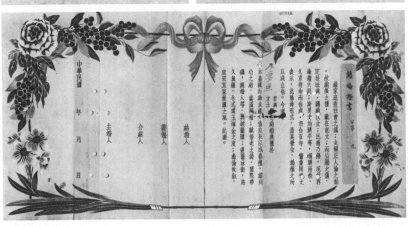

民国时期结婚证书

结婚》的新闻纪录片，在27日至翌年2月期间，在上海各大影院、戏院热播。

刘沛泉在接受记者采访时说，我近期所筹计的京滇、粤滇两条民用航空飞行线，计划业已妥定，但因经费关系未能着手举办。今后的工作，一是集得巨大股款，二是加大航空宣传，此次空中结婚即为宣传航空之一部。婚后，我们拟赴日本度蜜月，并考察东京至大连民用航线及其运营状况，以为筹办京滇、粤滇民用航空之镜鉴。

由此可见，这场名动一时的空中婚礼，不只是一对新人追求浪漫时尚，也是为筹办京滇、粤滇航线做广告，更是以他们的行动证明航空的安全，让航空深入人心。

天津名媛初试西方美容

1927年开业的大华饭店是天津当年著名的西餐厅，为赵四小姐的大哥赵道生创办。饭店极为西化，除有"最华贵、最精洁"的西餐厅外，还配有豪华的舞厅，长期聘请波兰舞女表演极具异国风情的草裙舞、肚皮舞等。每至盛夏，饭店的屋顶花园便成了旅津外国人和津门名流的消夏好去处。由于赵道生思想开放、广交各界名流，

《北洋画报》中《美人美人记》一文

又有赵四小姐、赵五夫人两位著名交际花的号召，大华饭店更成了天津名闺名媛的聚会之所。1932年1月7日《北洋画报》中徐凌影的《美人美人记》一文，介绍了天津名媛初试西方美容的场景，这可能是西方化妆技术首次引进津城的最早文字记载。

美国人西摩太太是著名的美容师，1932年新年后曾到天津推销化妆品，并代人美容。1月6日，在大华饭店召集津城名媛，当场表

演，免费试验，颇有中国商人"请君一试，方知余言之不谬也"之意。因为迎接新年，大华饭店更是装饰一新，室中大加点缀，颇合美人美容的气氛，云集的名媛更觉舒畅温馨。

下午4时，饭店临时化妆室内虽只有寥寥十余位名媛，但一望而知，天津交际界闻人已是到场近半了。但见她们修眉粉面，窄袖长衣。少顷，西摩太太携化妆品款款而至，各界女宾也是络绎而来。各位名媛多着丝袜夹袍，唯有西摩太太穿一件印花单绸衫。满室女宾虽个个风姿绰约，但多自谦平素不善美容，更不曾尝试西方美容，今日此来均抱有极大的兴趣。众人坐定，西摩太太邀请女宾中的赵道生夫人上来做她的试验者。西摩太太用一块白布将赵太太的如漆秀发束起，在她胸前围上一条素花白绸巾。在场的天津名士陈贯一夫人不禁笑道："唱铁公鸡，不必另行化妆矣！"西摩太太边演示边讲解，各位女宾听得更是聚精会

1937年第2期《健康家庭》中的《徐琴芳女士表演美容新术》图文

1935年第34期《妇人画报》对时装·美容·流行的介绍

李淑芳小姐春装初试

神。她在赵太太的脸上敷上一层乳色之油说："普通之肥皂清水，不足以除肤上之垢，惟此油有此功效。"接着又涂上另一种透明体之油说："敷此可润泽皮肤，使脸若凝脂，颈似蝤蛴。"继而将一种白色油膏调水，均匀擦其脸，这次时间较长，直至脸上肌肤细腻如脂。再施胭脂于两颐，扑粉饼，以软毛刷细细刷匀。西摩太太指着赵太太既红润又白皙的脸说："常人先粉后脂，我则先脂后粉，盖极力欲使人工之美似出之天然也。"说罢，又在赵太太的上眼皮涂以棕色油彩，使眼目深邃；以黑色涂睫毛，令其上卷，使眼大而神采动人。复用眉笔勾画如月弯眉说："不可太着肉，不可太粗。"最后涂樱唇，不使过红。强调说："过红，则人知其由装饰而然，乃失天然风致矣。"美妆完毕，展现在众人面前的是一个光鲜靓丽而又不失天然的美人！众人不禁叹服："技亦神矣！"

西摩太太此次所携化妆品不下数十种，仅胭脂一项就多达七八色。她指导众人说，胭脂是涂朱色还是涂绯色，应当视本人的肤色而定。其他各种化妆品也是如此，均当以美容者的肥与瘦、老与嫩、黑与白而判定。于是，各位女宾纷纷上前询问与自己相宜的化妆品。西摩太太均认真审视后，逐一写在一张纸条上，让她们明日到其居所购买。据说，这些化妆品价格极其昂贵，一位名媛半年美容须费三四十金。

六国饭店的一场欢宴

    1927年初，大华电影公司在上海海宁路25号成立，创办人为粤商梁赞鋆、蔡文鸿。初时，该公司从欧美各电影公司订购影片，分发各电影院播放，后则招募演员拍摄影片。杨耐梅、宣景琳、梁赛珍、夏佩珍等都曾为其签约演员。1932年"一·二八"淞沪抗战爆发后，该公司负责人薛某带领部分演员来到天津谋求发展，同年6月抵津，寓于长春栈。

    1932年6月16日晚6时，该公司在六国饭店宴请天津新闻界人士。应邀嘉宾有《大公报》的何心冷、《益世报》的吴云心、《商报》

1927年第1卷第2期《中国电影杂志》中的六国饭店宴会留影

摩登时代

的林小琴、《庸报》的童漪珊、《新天津报》的刘髯公、《天风报》的沙大风、《中华画报》的王受生、《晶报》的陈伯仁、《北洋画报》的吴秋尘和《天津商报画刊》的记者，宾客如云，场面火炽，为天津新闻界的一次盛会。该公司到场的有卢翠兰、赵静霞、范雪朋、秦哈哈、吴素馨、吴素素等女影星和童星顾宝莲，夹杂其中的男影星有曾与胡蝶有过婚史的林雪怀和十年前曾扮旦角的新剧家陈秋风。

1932年第5卷第27期《天津商报画刊》对六国饭店欢宴的报道

　　影星们早早到场，多居于餐厅最外一桌，凡有新闻界人士入场，他们均礼貌地起立含笑为礼。只有林雪怀、秦哈哈与新闻记者共处一桌，三五聚谈，互相问候。各位女星的装束时尚而端庄，样式新颖、风格典雅，以旗袍为主。卢翠兰着洁白晚礼服高坐首席，艳容盛颜，仪态万方。吴素馨着枣红色，卢翠兰、赵静霞均为白色，范雪朋是黑地白花，吴素素为淡绿色，童星顾宝莲穿了一套西装，在席间的桌椅间跑来跳去，活泼可爱。

　　6时半，各报记者到齐。大华电影公司薛某委托六国饭店经理代为致辞，言简意赅，请求新闻界同人借助各自报纸多多指教，积极宣传。经理举杯，晚宴开动。席至半酣，卢翠兰代表影星起立致辞称，此次来津，一下车便登台演出舞台剧，时过数日，尚未拜访津城新闻界，非常抱歉！今天各位惠然光临，实深荣幸！此来仓促，一切设备不周，吾们的表演尚不成熟，甚至非常幼稚，请各位宽谅，并请不吝赐教。卢的声音清脆甜美，态度大方得体，赢得一阵热烈的掌声。旋由沙大风起立发言，言辞诚恳，希望经过众影星的努力能够得到天津观众的认可。最后众报人公推刘髯公代表

1947年第11期《春秋画报》介绍大华电影公司新片

答辞，他先是说了一番客套话，肯定了影星们的演出成绩，后称天津各报虽有不满的批评，但绝非恶意，均为艺术的探讨，还请各位影星不要误会。最后恭祝大华公司前途无量。

值得一提的是，席间还有一段小插曲。饭店大厅一角的电线忽然接连闪火，好像要炸裂的样子，有电工及时处理。吴秋尘遂打趣道："这是因为电影明星的电光，照得太过强烈之故！"引得满座哄堂大笑。席将散时，参会全体合影，镁光灯频闪，宴会圆满而散。

北大校花成了天津媳妇

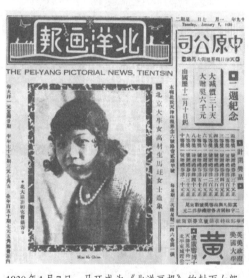

1930年1月7日，马珏成为《北洋画报》的封面女郎

从1930年1月7日，初入北京大学的马珏首次成为《北洋画报》的封面人物后，至1933年8月，马珏一直是该画报关注的热门人物，尤其是1933年3月她与天津海关职员杨观保在津举行婚礼后，不仅刊登了大幅的结婚照，而且以多篇文章报道了当年的马珏到底有多美。

马珏，1910年生于日本。其父马裕藻为北京大学教授，生马珏时，他正与其妻陈德馨在日本留学。1911年辛亥革命爆发后，马珏随父母回国。1918年2月，入孔德学校读书，成为该校第一批学生。因该校注重美学教育，马珏遂对文艺、音乐、图画颇感兴趣。1922年，孔德学校成立五周年时举行纪念活动，她参加了大型童话剧《青鸟》的演出。马珏酷爱昆曲，多次参加演出，曾与民国四公子之一的红豆馆主（溥侗）合演《游园》。因鲁迅与马裕藻交往密切，因而马珏得以与鲁迅相识，并时有书信往来。1927年8月，马珏入中法大学伏尔泰学院预科。1928年春，因参加升学考试过于劳累而病倒，休学一年。1930年考入北京大学政治系。

1933年8月24日，马珏再次登上《北洋画报》封面

因当年北大女生极少，马珏身材匀称、美貌出众、气质非凡，故而赢得众多男生的青睐，常有追求者在她的书桌上书写"万绿丛中一点红""杏眼圆睁，柳眉倒竖"等字样。1933年4月22日，《北洋画报》刊登的谭北林《耳闻中之马珏女后》一文，讲述了马珏粉丝们的两段趣闻。谭北林是《北洋画报》的创办人之一，吸引读者眼球，寻找画报卖点，追逐名媛行踪，当然是他的职责所在。听说北大花王马珏嫁给了天津人杨观保，马珏顿成平津地区的焦点人物。谭北林遂向自北平而来的"曦兄"索要马珏的照片，并好奇地问："马珏女后果真美丽乎，何平津诸子颠倒若是？""曦兄"答曰："美丽到如何程度，则殊难定一标准，但其为美丽则是毫无疑问的。现以一事相告，然后自可推测其美丽之程度了。"女后马珏在北平名噪一时，诸多照相馆竞相为其摄影，但马珏只是认可北平同生照相馆的摄影师，平日照相多至该馆拍摄。于是，到该馆要求加洗马珏相片的男士多如过江之鲫，其中有三位少年最为热烈，屡次登门，愿出重金。但因照相馆规章所限，未能满足其愿望，他们只得怫然垂头而去。及至马珏举行婚礼时，礼仪摄影仍为该照相馆。此后，来该馆争睹其结婚照的平津男女终日川流不息。

当听说马珏要嫁给杨观保时，最为兴奋的当数天津海关的同人

婚前的马珏　　　　　　　　　马珏与好友齐纶

们了。得知其二人婚期和马珏来津之讯时，公事房中，"麻雀，麻雀"（"马珏"谐音）"海关得了"（"Haikwan Tael"音，办事时所称之银两）之声不绝于耳。有主张大闹洞房者，有主张到车站接车抢人者，大家自发地组织了"倒阁"运动小组，以便行动一致。但届时在婚礼现场，众人一见到马珏身披一袭洁白婚纱款款而来时，顿时就被她的美貌所倾倒，所有预谋均被抛至九霄云外了。事后，有人笑话他们说，马后的一个眼波流转，就让你们诚惶诚恐，缴械投降了！

　　自称"与马女士甚稔，故于其事知之最详"的非非，于1933年4月25日在《北洋画报》上刊发《关于马后》一文，除介绍了马珏的"各种杂事琐闻"，还披露了杨观保独占花魁的缘由。

　　马女士初入北大时，本为一名平常女生，并不知道如何出风头。在入学投考时，北大一些男生听说校园里来了一位美女，于是蜂拥

1933年4月25日《北洋画报》中的《关于马后》一文

1933年4月22日的《北洋画报》刊登了北大校花马珏与天津海关职员杨观保的新婚照和《耳闻中之马珏女后》一文

团围于考场之外，争先凭窗窥探马珏芳容。经此一观，马珏声名鹊起。及至发榜之时，马珏得中，众男生群起而欢呼庆祝。

不久，适值北大举行纪念活动，马珏的粉丝们认为有机可乘，遂怂恿她跳单人舞，马珏因不谙此技初时坚辞不受，但终因群情难却，姑且应之。游艺会开幕，北平多名著名跳舞家咸聚于此，舞姿优美且专业，但并未博得若干掌声。及至马珏登场时，台上灯光陡然通明，台下掌声爆发雷鸣。但马珏毕竟不谙舞蹈，只是伴着音乐在台上东窜西跳而已。这时，有位男生不安于座，捷足先登，竟然登台与之雁行，为马后保驾，随后就是第二个、第三个……会场秩序为之大乱，一下子演变成了一女多男的群舞。

随后，北大学生自选马珏为该校花王。王冠加冕的马珏，情书平均每日可得十余封，最初她还拆而视之，付诸一笑，后来则未及开封即投入纸篓。后与天津海关职员杨观保相识，至结婚之时已有6年交谊。杨观保对马珏颇为忠恳，每星期必要自津来平一次，且每次都要携带许多馈赠，有人为他算了一笔账，在这6年的交往中，杨观保总计所费当在万金以上。数年的金钱与心血，终于博得了美人的芳心，修得结婚的正果，也可谓有情人终成眷属。但也有人说，杨观保的成功或有天助。因为此时在校园中时有关于马珏的谣言发生，马珏不堪同学之讥，于是毅然与杨观保步入了婚姻的殿堂。

摩登时代的摩登女郎

20世纪30年代初，随着西风东渐，中国的妇女们纷纷从深居闺阁走向社会，大胆社交，特别一些大城市的妇女开始进军娱乐场所，涌现出一大批著名的交际花。为了在社交场中引人注目，占尽风头，她们就要注重修饰自己的仪表，尤其是在穿衣打扮上下功夫，走性感路线自古以来就是女人们的撒手锏。然而，女人们的裸腿赤足却在当年引起社会各界的广泛争论。当年的画报常以刊登名闺、名媛、名伶的大幅玉照为卖点，以刊载有关摩登女郎的趣闻逸事为噱头。

摩登女郎花样多

据1933年7月的《天津商报画刊》记载，中国的摩登女郎裸其小腿犹以为未足，必且赤其天足。摩登女子之脚果欲着袜，袜必以丝，丝袜之值，动辄20元。当年南京市长刘纪文之夫人许淑珍女士，所着丝袜竟值25元一双，一时震动社会，播为美谈。此后更有女郎去其丝袜，露其天足。不了解内情之人，尚觉裸足似可经济些，实乃不然。丝袜既去，然美观所系，为了以一双白嫩光鲜的赤脚示人，足部之化妆所费，且尤过于面首手臂各部。据载，赤脚之摩登女子每日必在脚上敷以三种化妆膏，最先敷者为芳待沁，即英语Foundation（粉底）译音。这只是基本化妆品，此膏既敷，再需先后

20世纪30年代上海《中华》画报中的摩登女郎

敷以脂油膏、香粉膏。如此这般，一双秀足乃香喷喷、光致致，使人目眩而神摇。经过精雕细刻的裸足，当然是为了展示给人看的，为此，秀足尚需配以镂空凉鞋。为了增加效果，最后尚需于足指甲上涂以玫瑰红、豆蔻丹。其消耗之巨，出人意料，必以雄厚之财力做后盾。

　　因为当年夏日溽热难耐，街头巷尾常见不着上衣之男子。北平公安局以此有碍观瞻而加以取缔。于是，街上男子裸背露胸者逐渐减少，但一些摩登女郎却将长裤短裤一应取消，赤裸着白腿玉足任意出现在大庭广众之下，而纵使从警察面前走过，警察也是视而不见，随意放纵，一时成为北平的一种"怪现象"，男人反而呼吁"男女平等"。

　　然而，就在赤足裸腿司空见惯、不以为异之时，天津日租界中华落子馆却是一纸禁令，在该园登台之姑娘均不得赤足裸腿，否则不准登台，一时引起社会各界嘲讽。有人撰文称，津城名闺淑媛行走于娱乐场所早已赤足裸腿，各大娼寮之名妓更是袒胸露乳。中华落子馆本为妓女招徕嫖客之广告场，似此枇杷门巷，操卖笑生涯之烟花女子，有关职业所在，衣着浪漫本无足怪，却被中华老间明令禁止，实为可笑，诚可谓一老顽固也。

1932年，北宁铁路局在津兴建的宁园向社会开放，成为天津最大的公园，一时成为津城百姓休闲娱乐的好去处，尤其成为青年男女谈情说爱的首选之地。每逢溽暑之夏的傍晚，摩登女郎便以偕携男友宁园荡舟为乐。夕阳欲坠，回照犹鲜，一抹朱云，晚霞拥翠，荷塘水殿间，凉风习习，中人欲软，正是情人宁园泛舟之好时节。女郎薄衣轻绡，稳坐英俊少年之侧，共乘五尺小舟一叶，双橹轻摇，玉腕频转，矫若游龙，翩若惊鸿，情话绵绵，两情依依，惹得岸上旁观者艳羡啧舌。时为宁园盛夏一景，竟有专为观此景而来宁园者。

1933年8月《天津商报画刊》在《新凤求凰记》一文中记述了天津李姓交际花的浪漫故事。交际花李女士是津门鼎鼎大名的女票友，姿容秀丽，娇艳动人，更以体态丰满，局部发育健全，一望而知为已成熟之摩登女郎。她的化妆技术尤其精湛，每日必耗费大量时间在化妆间。至若西蒙之粉、伦敦之唇胭、巴黎香精，陈列妆阁，不一而足。其修饰精致，穿着入时，半丝半缕。她每天出入各大娱乐场所，交际社会各界人士。她一出现在游艺场所，虽逆风而站，亦能嗅得芬芳袭人，让人意迷欲醉。似此甜蜜之温柔乡，不知倾倒过多少英雄豪杰。唯该女有一怪癖，虽置身交际场，却将男人分为对眼儿与不对眼儿两种。对眼儿者交浅言必深，一见倾心，倍加赞美，相见恨晚，认成上天赏赐予她的白马王子，心甘情愿地投怀送抱。于是，歌场角逐，舞场缠绵，形影不离，有朝一日，鸳鸯交颈，莲生并蒂，南面王不易之也。但若是不对眼儿者，或加以白眼，或视为空气，对方实在难缠，便语言讽刺，横眉冷对。曾有某青年自视家境优裕，英俊潇洒，但却为李不对眼儿之人，一切视若浮云。

但青年穷追不舍，绞尽脑汁，千方百计，终是黔驴技穷，宣告失败。扫兴之余，因爱生恨，态度消极，竟因壮志未酬，一病不起，病榻呻吟。李女闻讯，慈心大发，于轻怜、不忍之中，特备干鲜果品，一探痴郎，期望青年蒙此惠顾，其病霍然而愈。青年见此女前来大悦，当即求婚，然李女士终以"不爱他"而拒绝。李女一走，青年顿感末日已至，不久便撒手人寰。

花王的裸足

1934年，国民政府在全国推行新生活运动，以"礼义廉耻"为运动的中心思想，各地纷纷明令禁止女性裸腿露臂。6月23日，《天津商报画刊》中的《南昌与南京之妇女装束》一文，介绍了新生活运动中对女性服装的严格规定。

新生活运动极为注意妇女的装束，已饬令各省政府将妇女服装之大小长短等项详细规定。时以南昌作为实行的中心，凡女公务员、女教员、女学生乃至男公务员的家属，均限令在半个月内实行。各项均有严格的标准，旗袍、短衣的衣领、袖长、左右开衩等项，均标明具体的尺寸。其中第五条规定：凡着短衣者，均须着裙，不着裙者，衣服须过臀部三寸；第六条规定：腰身不得绷紧贴体，须稍宽松；第七条规定：裤长最短须过膝四寸，不得露腿赤足。由此可见，各项规定的第一要义，就是禁止女性裸露身体的任何部位。腰身不得绷紧则正与当时摩登女郎崇尚的曲线美相抵触。但现实生活中却与条文中的规定恰恰相反，南京的摩登女郎当时正在流行在裸露的腿臂上涂以紫黄色，表示她们的健康美。她们理直气壮地说，提倡新生活运动就是要让女性健康，我们在腿臂上涂了颜色，自然也不能算作裸露了。

从画报的诸多文章中可以看出，新生活运动的各项规定并没有阻挡住摩登女郎的裸露之风，她们依然我行我素，该露还是露，该裸还得裸。1934年5月12日，作者止观在《天津商报画刊》的《火腿上市》一文中介绍了摩登女郎们在初夏时节就已经开始走她们的"裸露路线"了。时值初夏，春光老去，燕老莺羞，女郎新装，粉墨登场。在女性初夏的摩登新装中，最时尚的当数裸腿赤足了，一胫一跗，尽态极妍，旗袍扬处，雪腿毕现。轻薄少年取笑女子的赤腿裸足为"火腿"，盛夏之时裸腿赤足比比皆是之时，则称之为"火腿上市"了！更有人在某杂志画了一幅滑稽插图，图中一名男子一边饮酒，一边斜瞬着摩登女郎的一双裸腿，意在男子看着女子的裸腿就如同有了下酒的美味佳肴，题曰"金华火腿"。作者止观当时在天津某公园就曾见到三五结伴的摩登女郎，看上去仿佛姊妹同行，她们的足下虽罩以袜套，但玉踝以上以迄大腿，在高开衩的旗袍衣缝中隐约全裸，极其性感，更具诱惑，引得不少路人侧目观看，品头论足。但当时远在南方的上海则又开始兴起一股新的流行风潮，以肤色赤黑为美，黄色、白色的皮肤反被讥为病态。于是，裸露腿臂的雪肤女子多涂上假色，借以标示其风格独具的健康之美。

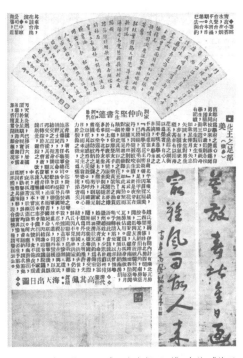

1934年6月26日《天津商报画刊》中的《花王之足部美》一文

6月26日，该画报中的《花王之足部美》一文向读者展示了北平某大学校花的摩登生活。北平向来就是中国的教育中心，自男女同校以来，各校学生自发地选举花王的事迹，各地报纸时有记载。为此，学校的各种艳迹趣闻，一时腾播众口。男生对女生恰如众星捧月，矢忠矢诚；女生对男生则颐指气使，甚至以获得花王或皇后之头衔为荣耀。为此，各校观念传统的教授无不叹息学风日下、女生更不知自重！当时北平某报报道，西城某校选出的花王密司张，因要裸露她的一双美腿，已将腿上细小的毫毛剃去，手指、足指均涂以豆蔻丹。又恐腿裸被蚊虫叮咬而生疮，影响观瞻，于是，回家后就穿上长筒袜，甚至夜间睡觉时也要着袜，每天出门时再脱去，裸腿赤足，以炫其诱惑之美。为此作者不禁叹道，密司张对于腿部、足部的修饰，如此勤奋而精细，难怪她能夺得花王的称号啊，也可见花王的来之不易！

"摩登"有现代的、新式的、时髦的、不同于过去的等义。民国时期多以"苟日新，日日新，又日新"来解释"摩登"一词。但当年很多人却对摩登有所误解，社会普遍有一种毛病：对于一切新事物只会模仿，不能利用，只学皮毛，不解真义。

谭北林在国民饭店举行婚礼

1934年10月9日《北洋画报》中《谭郑婚礼》一文，介绍的是《北洋画报》社长谭北林与郑慧瑚女士的结婚仪式。婚礼于10月6日晚7时在国民饭店举行，因谭北林善交友，故当晚来宾多达一百数十人，济济一堂，盛极一时。谭北林因日常公私事务繁忙，事先根本没有时间筹备婚礼，也因他的思想新潮，崇尚俭朴之风，仪式极为简单。为避免亲朋好友的馈赠，先期发出的请柬并未讲明是婚宴，除少数几人知晓内情外，大多数来宾到场后才恍然大悟。

一对新人在谭家祭告祖先后，双方签署婚书，随即坐车来到国民饭店。晚7时余，来宾入座。新郎新娘致

1934年10月9日《北洋画报》记录了谭北林与郑慧瑚的幸福时刻

辞后，由证婚人管洛声登台讲话，简略介绍一对新人的个人情况，报告二人恋爱、结婚的经过。对谭郑从简举办婚礼给予肯定，称赞他二人既能尊重礼教精神，又能废除礼教缛节，并希望在座的青年和社会各界人士都来效法这对新人，新事新办。最后，他向一对新人送上美好的祝福。来宾代表、天津著名报人、《北洋画报》撰稿人吴秋尘和王伯龙先后发言，言简意赅，风趣幽默而不伤大雅，博得阵阵笑声，赢得一片掌声。从头至尾，双方父母并未做任何发言。

喜宴结束前，有人提议请来宾签名留念，遂在门口铺设一张红纸。但因准备稍晚，近一半的人已经打道回府了。最后留下的50余人合影后陆续散去。李直绳、王诚斋、方地山三位天津名流合作当场共作一联致贺，联中将新郎新娘的名字嵌入互对，巧不可及。联曰："把臂入琼'林'，地'北'天南偕老；双修圆福'慧'，珊'瑚'玉树交枝。"

吴云心的速成婚礼

20世纪二三十年代，恋爱自由、婚姻自主的观念已在文人圈内蔚然成风，五花八门的婚礼更让人忍俊不禁。1936年10月12日《北洋画报》中吴云心的《婚后小记》一文，记述了他本人速成婚礼的一段趣闻逸事。

吴云心（1906—1989），名塏威，字吉如，自号云心，浙江嘉兴人，生于直隶（河北）威县（今在山东境内）。其父吴杰，曾被海宁查氏聘

1936年10月12日《北洋画报》中吴云心的《婚后小记》一文

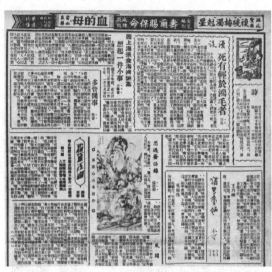

1943年第7卷第6期《新天津画报》中吴云心的画作

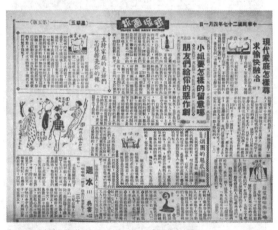

《银线画报》连载吴云心的小说《逝水》

为幕友，多年奔波于晋、冀、鲁之间。1920年，吴云心随父母移居天津，考入南开中学，师从罗常培、范文澜等。1925年文科毕业后，即以笔名"云心"在《妇女杂志》发表处女作《论祭祖》。1926年经查良钊介绍，考取《东方时报》英文版校对，由此投身报界。先后任《商报》《益世报》记者、编辑，《益世晚报》主编，《益世报》副刊《语林》主编，《北洋画报》撰稿人等，直至抗战全面爆发。

1931年东北沦陷后，许多东北流亡学生来到天津，在南开、耀华等中学继续求学。孙秀兰时在南开女中读书。吴云心与孙秀兰的第一次相遇就是在南开学校的一次聚会中。当时，大家或跳舞或聊天，唯有孙秀兰一个人面带惆怅孤独地坐在角落里。以校友身份出席聚会的吴云心，上前问她为何不去跳舞。孙秀兰说，自己的东北老家被日本鬼子占领了，独自一个人沦落到津，举目无亲，无所依靠，哪有心思跳舞啊！出于同情，更是对日本侵略者的共同仇恨，让他们从相识到相恋。

1936年秋，吴云心的好友郭君客死天津，年仅29岁。吴云心悲伤之余更为之憬然，感慨道："人生朝露耳，及时而不行乐，一旦奄然，悔何如之。余今年三十有一，壮年将逝，耄耋且来，必待白发再侣红颜，亦何愚耶！"他第一次意识到自己该结婚了。

同年旧历八月十五，孙秀兰到吴云心家共度中秋。晚饭后，二人相依而坐，静静地看着房中的什物发呆。吴云心的书斋为一幢小楼，面南而建，当窗有一株紫藤，窗外是一轮明月，月华入窗，如水银般泻在地上，洒落在书案上，案上杂置书籍、稿纸、笔墨，微风过处，翻书展卷。书案的一头，书籍与稿纸相糅，积久如丘。书案旁是一个书架，架小不及多容书籍，报纸、杂志堆积墙隅，一片纷乱。孙秀兰遂轻声问道："是纷然者，不知何年可以整齐也？"答："待婚后！或以余未婚，倘有胭脂虎在侧，当不复如此颠顸也。"这或许就是吴云心的求婚了吧！孙秀兰仰视明月，颊带红晕，会心一笑。

月隐入云，秋风入窗，微觉寒意。他二人关上窗子，掀转电灯，满室盎然，如有春意。身处此情此景，乃知"情以物迁"之说殊谬。倘在新婚燕尔，虽在深秋，也绝不会有肃杀凄凉之感。马上结婚的念头在他二人心头同时萌生。于是，他们迫不及待地选定良辰吉日。

初时，他们一致认为在10月10日结婚为宜。于是，争翻壁间日历，但见10月10日注有"诸事不宜"四字。结婚心切，遂提前至8日。只是时间太过迫促，距婚期仅隔一日了！

但此议既决，说干就干。第二天，他们便开工粉饰屋宇。孙秀兰先将报纸、文稿移至屋外。吴云心恐将书稿弄乱，急忙上前拦阻，但大半已经次序纷乱，只好待用时再做整理。

8日晨，他二人始购梳妆台、衣橱等物。运至家中，橱内空空如也，无什物可以填充，即将报纸、书稿等物塞入。经过一番折腾，室内居然焕然一新。是日下午，新娘发现自己仅有一袭红袍，还是原为参加友人婚礼而制。低头再看自己脚上的一双旧履，正如电影中的卓别林一样滑稽。新郎不经意瞥见镜子里的自己，却被这个囚首垢面的家伙吓了一跳！正要修整，忽然想起，给报纸的一篇双十节文稿今天已至交稿最后期限，立刻伏案疾书。傍晚，新娘自购鞋袜、化妆品而归，还能略卷其发，颇有新意。新郎跑出房门，交了稿子，直奔理发店修面剪发。

婚礼虽过于仓促，但喜宴一定要摆，不然，文友岂肯放过。晚6时许，一对新人准时现身饭庄，报界大咖罗隆基为证婚人。婚仪喜庆热闹，大餐中西合璧，来宾酒足饭饱而散，新人相携微醺而归。速成婚礼，圆满礼成！

时尚名流

黄楚九创办上海大世界

被誉为"远东第一游乐场"的上海大世界，是民国初期上海最著名的大型娱乐场所，众多戏剧、曲艺艺人在这里走红，名扬全国。而它的创办人黄楚九更是一个极富传奇性的人物。

黄楚九，浙江余姚县人，15岁随母闯荡上海，靠开办药房发家，跻身上海富豪之列。民国初开始涉足娱乐业，创办新新舞台。1913年，作家孙玉声曾给黄楚九出主意，能否开办一个"门票不贵，有听有看，有吃有耍，在每个游客身上赚钱不多，但又游人如云，加起来赚头很大"的游乐场。黄楚九听后两眼放光，不住地点头。遂与地皮大王经润三合作，在新新舞台楼顶大平台上建起了"楼外楼"游乐场。

黄楚九

游乐场四周摆满鲜花，当中是喷泉，各摊位上设置各种游乐项目，如上海滩簧、说书、评弹、戏法等，还有冷饮室和茶座。还有两样东西最吸引游客：一是从国外进口的几面哈哈镜，一是直达楼顶的电梯。因此，楼外楼开业后，门庭若市，生意兴隆。为了解决客人增多和地盘局促的矛盾，1915年，他们又在泥城桥附近合资建造了一座三层楼房的大型游乐场，取名"新世界"。一楼设滑冰场、弹子房、跑马场和电影院；二楼有苏州滩簧、宁波滩簧、上海滩簧、扬州说书、苏州评弹，还有时髦的文明戏和南方歌剧、北方大鼓、口技杂耍、三弦拉场戏等；三楼仍为屋顶花园。

新世界开业一周年时，经润三突患脑溢血猝死。黄楚九遂另起炉灶，集资80万元，在西新桥堍英法租界交界处办起了一个比"新世界"规模更大、更高级的游乐场——大世界。

大世界于1917年3月动工兴建，同年7月竣工。定于1917年7月14日开业，从7月3日起至13日，黄楚九包下上海各家报纸广告版面，巨幅广告连登11天！7月14日，是黄楚九亲自挑选的日子，这一天是法兰西共和国的国庆日，可以讨法国领事的欢心；这一天还是他随母闯荡上海整整30周年的纪念日。

位于上海洋泾浜西新街的中国第一俱乐部大世界游乐场，于1917年7月14日正式开业

大世界在设计游乐项目时，黄楚九聘请几位顾问，建有共和厅、大观楼、小蓬山、小庐山、雀屏、风廊、花畦、寿石山房、四望台、螺旋阁、登云亭等特色景观，还请几位文人题写了十景美名，如飞阁流丹、层楼远眺、亭台秋爽、广厦延春、风畦坐月、霜天唤鹤、瀛海探奇、鹤亭听曲、雀屏耀彩等。共和厅里有群芳会唱，由长三书寓里的妓女在台上低吟浅唱，暗香袭人，使一些想入非非之徒一

民国初期的上海旧城

而再、再而三地来这里驻足观看。四望台（后改四篁台）可供文人雅士看竹品茗，促膝清谈。

　　大世界开业后，能与之抗衡的还是由经润三妻子汪国贞接办的新世界。为了争夺上海的老大地位，大世界与新世界展开了一场殊死博弈。新世界自称"上海第一家游艺场"；大世界则以"中国第一俱乐部"标榜。新世界刊登广告：中餐券半元，西餐券一元，游资在内；大世界则与新世界同等价目下，加上茶饭奉送。新世界引进意大利戏剧和空中飞人马戏；大世界利用世界战事蜂起，布置陈列各式战车模型，并在共和厅举办瓜会，收集各类奇异瓜果，供游客赏玩尝新。

　　新世界自知回天无力，斗不过具有"迦门头脑"的黄楚九，只得把新世界出盘给陆锡侯，最后成了美商花旗烟公司、大美烟公司及花箸炼乳公司的广告制作场地。在新世界破产前后，大千世界、花花世界、神秘世界等游乐场所都成了与大世界竞争中的败将而关门大吉。

　　在游乐业纷纷倒闭之际，黄楚九却把大世界经营得红红火火，

城隍庙里的转糖摊

日进斗金，有人把它形象地比作印钞机。为了迎合游客需求，大世界也落入旧窠地引进了色情服务。一楼每天请名妓演唱，卖弄色相；二楼特辟密室，供嫖娼宿妓之用。有些妓女、暗娼常年在大世界拉客。赌博和买卖股票业务则吸引了大批投机家和赌棍、掮客。他们如果赚钱了或玩累了，就到二楼密室去寻找妓女消遣或吸上几口鸦片。

很多演员在大世界唱红，由此名扬四海。大世界内各个剧场、书场、曲艺场，经常有一些表演艺术家来演出，如大鼓书名家刘金宝、白云鹏，山东大鼓小白姑娘，京韵大鼓小艳芳，苏滩演员王美玉，文明戏大将顾无为、汪优游，评弹演员夏荷生、赵稼秋，独脚戏鼻祖王无能，无锡滩簧名伶袁仁仪等。这些演员都在大世界施展了才能，并受到观众的喜爱。大世界里京剧也很吸引游客，当年京剧名伶孟小冬、张文艳、萧湘云、马金凤等也曾在此献艺，轰动一时。

黄楚九兴办大世界之所以取得了成功，除了他有一个精明的头

20世纪三四十年代的上海跑马场后台和办公楼

脑之外，更重要的是，他与上海赫赫有名的青帮头子、时任上海梨园公会主席的黄金荣搭上了线。没有黄金荣的支持，大世界请不到好戏班、好演员。即使请到了，没有他的关照，也会横生枝节，场子没准就被砸了。黄楚九本人也向黄金荣拜过帖子，也算黄金荣的挂名"门生"。开办大世界之前在他那里打通了关节；开张之后，每月给他一笔丰厚的津贴。

大世界的开办和成功经营，大大推动了上海乃至中国现代娱乐业的发展，也给黄楚九带来了巨额利润，并把他的事业推向巅峰。1918年，为了统一管理，便建立了黄氏产业总公司，后又创办了日夜银行。

由于炒房地产受重挫，引起日夜银行的挤兑风潮，黄楚九心脏病复发，1931年1月19日，这位上海著名的实业家、现代娱乐业先驱离开了人世，时年59岁。

不久，大世界被黄金荣占有，更名为"上海荣记大世界"。上海解放后，大世界才真正回到了人民手中。

"坤伶大王"刘喜奎在津成婚

刘喜奎,原名刘志浩,后改桂缘,原籍河北南皮县黑龙村,1894年生于天津。8岁入天津李海科班学戏,工京剧青衣,兼学花旦。10岁拜河北梆子演员毛毛旦为师。曾在哈尔滨、海参崴、津、京、沪一带演出,红极一时,与鲜灵芝、金玉兰并称"女伶三杰"。1914年,在天津与奎德社创始人、梆子花旦出身的杨韵谱合作编演了京剧新戏《新茶花》《烟鬼叹》《宦海潮》等,抨击军

著名梆子艺人刘喜奎

1915年第6卷第5期《中国实业杂志》中的刘喜奎（右）

阀官僚，宣传民主自由，激发了民众特别是青年学生的爱国热情。1916年，《顺天时报》主办超群伶人评选，公开投票选举"伶界大王"。刘喜奎得票23.8万张，获"坤伶大王"；梅兰芳得票23.2万张，获"男伶大王"。就连一代梨园名宿谭鑫培，也发出了"我男不及梅兰芳，女不及刘喜奎"的感叹。刘喜奎成为真正的"梨园第一红"。

刘喜奎身材小巧，姿容秀丽，扮相俊美，她的粉丝上至达官贵人，中有士绅名流，下至贩夫走卒，所到之处，轰动九城，倾倒众生。但她不畏权贵，铁骨铮铮，先后拒绝了袁世凯、黎元洪、张勋、曹锟、陆锦等军政要人的"求婚"，维护了自己高尚的人格尊严。

但刘喜奎明白，一个没有结婚的女艺人想要过平安的日子，在当时是不可能的。于是，27岁的刘喜奎想到了结婚。就在她刚刚摆脱陆锦的百般纠缠后，一个叫崔承炽的在报纸上公开揭发陆锦的贪污行为，刘喜奎便将其引为知己，产生了爱慕之心，主动请一个姓黄的先生去提亲。

崔承炽，字昌周，天津武清县杨村镇人，毕业于开平武备学堂，后又入陆军大学第一期深造，在冯国璋部下任过团、旅长。时在陆锦手下任某局局长。崔颇有家底，在杨村有房屋百余间，土地七八顷。他曾有一妻一妾，但都先后病故，无子嗣，妾生一女。崔时年40岁。听说刘喜奎要嫁给自己，崔受宠若惊，又怕刘喜奎了解自己的真实年龄后反悔，就对黄先生谎称自己35岁，尚未婚配。刘喜奎还不放心，又让自己的舅舅亲自前去相看其品貌。崔承炽偷梁换柱，派自己年轻的勤务兵刘四代其前往。刘四身材魁梧，仪表堂堂。刘喜奎的舅舅一见此人，连连点头，不住地称好。于是，这桩婚事就在一对新人未曾谋面的情况下定了下来。

为了向世人宣告自己结婚的消息，为了让那些不怀好意的人就此断了念头，结婚那天，刘喜奎特地坐了一顶大花轿，在天津日租界举行了婚礼。婚礼当天，为防止有人抢婚或发生意外，崔特派几个马弁身着便服暗带手枪，寸步不离地警卫在花轿两旁。拜罢了天

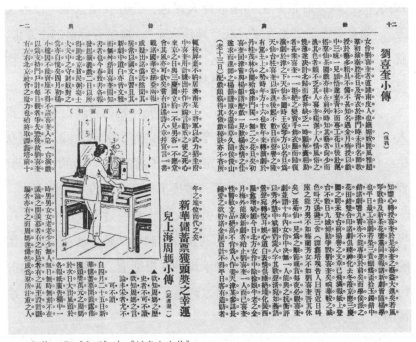

1916年第15期《余兴》中《刘喜奎小传》

地入洞房，刘喜奎迫不及待地掀起了盖头，一睹舅舅口中英俊青年的风采。岂料，站在她面前的竟一下子变成了一个面孔黝黑、骨瘦如柴的半大老头子！与她自己想象的差距巨大，顿时让刘喜奎惊愕了。她知道自己被骗了！刘喜奎一阵天旋地转，一头栽在地上。

刘喜奎醒来时已是第二天的傍晚。她打量着陌生的洞房、陌生的人，崔承炽端着一碗人参燕窝汤站在了床前。这场噩梦对于刘喜奎来说太残酷了，她马上扭过头去，不愿再多看他一眼。从此，她绝食了。

陆锦得知刘喜奎结婚的消息后已是妒火中烧，当听说她的丈夫居然是自己的部下时，更是恼羞成怒。在刘、崔婚后的第四天，陆锦即将崔撤职。后来虽经人疏通仍回部，却遭降级处分，由局长调任"视察"。刘喜奎了解到这一切后，深感崔承炽实际上也是一个受害者，自己如果绝食而死，陆锦岂不是幸灾乐祸吗？想到此，刘喜奎重新打起了精神，与丈夫安心过起了日子。但不久，发现时常有陌生人在崔家门前徘徊，他们只得秘密迁往杨村避居起来。过了一段时间，才迁至北京谢家胡同。

当时崔承炽已是身患肺痨，但陆锦却故意命他终日奔波于江西、长沙、河南之间，马不停蹄，疲于奔命。1925年初，崔终因沉疴复发，积劳成疾，病死于法国医院。时距其结婚仅三年四个月。

随着丈夫的去世，命途多舛的刘喜奎更加消沉，红极一时的一代名伶从此销声匿迹。为了留住刘喜奎，崔家将崔承炽的侄子崔光辰过继给了刘喜奎。刘喜奎下定决心：永不再嫁。1935年，为褒扬她的贞节，在崔承炽的同乡、七十四混成旅旅长赵俊卿的倡议下，陈调元、吴光新、宋玉珍等20余个北洋军阀，联合为她送了一方牌匾，横书"志洁行芳"四个大字。刘喜奎足不出户，杜门谢客，人们再也听不到刘喜奎的任何消息，只知道北京的某个小胡同里有个寡居多年的崔刘氏。1964年，刘喜奎病故于北京。

吴佩孚、张绍曾在津联姻

　　北伐战争后，一些下野的军阀政客云集天津租界过起寓公生活。他们常以两个或多个家族的子孙联姻，达到增强势力、笼络对手的政治、经济目的。1928年1月11日第154期《北洋画报》中《吴道时张义先结婚记》和第119期《世界画报》中《吴道时张义先女士结婚俪影》图文，记录了直系军阀吴佩孚之子与前国务总理张绍曾之女联姻的盛况。

　　吴道时（1909—1950），字智中，本为吴佩孚之弟吴文孚之子，为吴佩孚嗣子，自幼家塾读经，未入学堂，1927年被授予少将军衔。张义先为张绍曾之女，其母毕业于保定女学，受过师范教育，为旧人物中之新女性。经吴毓麟、王廷桢等媒人介绍，双方父母同意，1928年1月3日，吴道时与张义先在天津法租界福禄林饭店缔结百年好合。

　　尽管是日吴佩孚并未在津，婚礼从简，但午后2时一过，福禄林饭店门前便车水马龙，贺客如云了。来宾多为显赫一时之风云人物，有昔日的总理颜惠庆、顾维钧、龚心湛，部长曹汝霖、劳之常、罗文干、吴光新、温树德，省长熊秉琦、李济臣，议长吴景濂，督军陈光远，以及军警界要人李钦三等百余人。其中颜惠庆的金丝眼镜、笔挺西装，曹汝霖的一头银发，吴景濂、杨钦三胸前的飘然长须，最为引人注目。而貌颇清癯的北洋总统曹锟之弟曹钧（人称五爷），则与面如满月的吴佩孚之代表许震形成鲜明对比。美驻津军官高思德正可谓鹤立鸡群、高人一等。词人杨云史是津城旧文人的代表，原在吴佩孚麾下，时为少帅张学良之幕客，其举止庄重，谈吐清雅，众人一时围拢，皆为一瞻名士丰采。因当时新年刚过，饭店门楣上依旧高悬"HAPPY NEW YEAR"条幅，不明内情者尚以为在此举办天津军政要人团拜会呢。

1928年第119期《世界画报》吴道时与张义先的结婚照

结婚礼堂设于福禄林大厅，陈设缤纷，中西参用：居中有香炉、红烛等传统吉祥物品，后幛锦幕，四壁彩花，四架银色纸钟分列四角，彩纸环绕，连绵不断，一派西式风味。礼束原定午后3时行礼，直至4时30分，花轿始抵。礼堂之内纯取新式，礼堂以外皆为旧式。新人舍花汽车、花马车不坐，而乘传统花轿；仪仗有旗、锣、伞、扇、灯、花篮、提炉、金刀、金箭、金花等，配以中西音乐，场面火炽。两顶花轿：一为绿呢八抬，新郎乘以亲迎；一为红绣花八抬，新娘坐以来归。证婚人齐燮元穿着素常礼服，头戴黑结瓜皮小帽，立于正中。介绍人有四位：赵玉珂、迟云鹏左立，着武官大礼服；

1928年1月11日第154期《北洋画报》中《吴道时张义先结婚记》一文

吴毓麟、王廷桢右立，穿常礼服。伴郎四位：二文二武，扶掖新郎者为迟云鹏之子迟铁侠、陆锦之子陆仲武，均翩翩少年。四位伴娘皆烫流行发式，着绿身、白袖旗袍，雅洁不俗。牵纱二名小女均五六岁，皆剪短发，穿杏黄印度缎西式衣，活泼可爱、生气盎然。新郎略留短须，益增男性气质，着少将军装，佩剑，英气丰颐，缓步徐前，面露喜容。新娘着粉色吉服，披长纱，身材窈窕，体态轻盈；头上满插金线绒花，迎面配三色花蕾，未用花冠，细长粉面、浓眉、小口，清晰可见，低眉垂颈，若不胜羞；一双天足着平底鞋，绣牡丹花，袜履与衣色同；吉服亦为中西合璧，既有西式长纱，又有肩绣粉蝶，裙绣丹凤。

随着司仪一声"吉时已到"，仪式正式开始。一对新人互换饰物后相对三鞠躬。证婚人宣读结婚证书后，新郎新娘在证书上用印，主婚人、介绍人依次用印。证婚人、主婚人分致祝词，言简意赅，幽默风趣。主婚人有新郎生父吴文孚（人称三爷），须眉口鼻之间，酷似其兄子玉（吴佩孚），只是略胖而已。吴夫人最为耀目，年在四十，风韵犹存，御平金潮水大礼服，一望而知为大家闺秀，端庄中透出知性。

辞毕，司仪宣告礼成。一对新人分向证婚人、介绍人、主婚人和双方家长、男女来宾等致谢，登楼合卺。吴家大张宴席，款待来宾，觥筹交错，尽欢始散。

冯武越专访章遏云

章遏云剧照

京剧著名坤伶章遏云，1912年出生，原名凤屏，字珠尘，乳名萍儿，别号"珠尘馆主"，浙江人。因家境贫寒，父母被迫将其送给养母邓氏。自幼酷爱皮黄，7岁开始拜师学戏。后随家迁至北京，12岁开始拜天津"票界大王"王庚生为师学习老生，后宗名旦张彩林改学青衣、花衫。先后在上海、北京、天津、汉口等演出，红极一时。1930年6月21日，在《北洋画报》的名伶选举中荣膺"四大坤伶皇后"之誉。20世纪二三十年代，曾多次应邀来津，演出于春和、明星、天华景等戏院，并于1930年与安徽督军倪嗣冲之子倪幼丹结婚，住在英租界围墙道247号（今南京路88号和平保育院），与天津结下了不解之缘。

1928年2月9日至20日，章遏云曾在天津春和戏院连续演出十

《北洋画报》特辟章遏云专版　　　　　1932年第5卷第240期《北京画报》封面
上的章遏云

天，演出剧目有《四郎探母》《玉堂春》
《花田错》《闹学》《汾河湾》《霓虹关》《珠
帘寨》《游龙戏凤》等。日场、夜场，场场
爆满。天津众多捧角家、在津蛰居的寓公
倾巢而出，占据着戏院的大小包厢，俗的
送花篮、请吃饭，雅的撰写文章、题赠诗
词。天津大小报刊更是推波助澜，铺天盖
地般加以渲染。《北洋画报》除以20余张
图片、10多篇文章和一个专版记录这十天

《北洋画报》创办人冯武越

的演出，画报主笔冯武越还对章遏云做了专访。

　　《北洋画报》为了探究章遏云的成功奥秘，满足社会各界对章遏
云的好奇心，也为了借报道章遏云来吸引读者眼球，章遏云来津后
的第二天，画报的主笔冯武越就带着记者葵生，走进了章遏云下榻

章遏云与两个小朋友

的国民饭店三层64号，开始了一个"不愿做起居注的记载"，更像是随意聊天式的专访。

进门后，最先映入记者眼帘的是满屋子各色花篮和衣架上悬挂着的几件行头。章遏云闻声从套间疾步迎了出来，但见她"着浅黄袍，梳寻常长辫，风度极安详"。还未及两位记者开口，章遏云先自我检讨说，方才在屋里正在接一个电话，怠慢了你们。那人自称是某报记者某氏将要来访，你们是同行，可曾认识此君？当得到肯定的答案后，她又说，我很愿意与社会各界人士晤面，特别是与你们这些"别具特殊眼光文人"打交道，但现在身处乱世，有些时候又不得不略存戒心。

两名记者做了简单的自我介绍，双方寒暄后，大家按宾主落座。章遏云略谈了她的学戏经过，自称最初学戏只是"爱美的"（舶来语，业余爱好之意），得到观众认可后才正式下海转为职业，花旦戏为自己的正工。但是今天的青衣与花衫已经不再有明显的区分，因而也兼演青衣戏。为了提高自己的技艺，现正从老伶张彩林问业。记者指着那些行头问，这可是今晚将要演出《四郎探母》的行头？

章遏云点头称是。又问今晚你扮演的公主穿什么颜色的旗袍？答称用黄色，此戏之旗袍本无定例，不过外面的氅衣按例必须是大红色的。

记者葵生是浙江人，说话时明显带着地方口音。章遏云自称也是浙江人（一些出版物认为是上海或广东）。于是，他二人操着纯熟的乡音聊了起来。冯武越为粤人，因问她会不会粤语，章遏云转而用粤语与他对话。问她最拿手的是哪种方言。她说，我唱的是京剧，当然是国语京腔了。冯武越当时想起，上海某报刊曾刊登某女士的玉照，其广告语注明其擅长国语。而眼前的章遏云却不只是擅长国语了，各地方言也极流畅。如此说来，她当属戏剧界的天才喽！

专访结束后，章遏云给两位记者的印象"谈吐庄重而和蔼"。虽然是初次见面，但他们觉得今日采访章遏云，与曾经访问的当代军政要人并没有什么区别。

梅兰芳过津赴平

1930年7月18日，旅美归国的梅兰芳回到了上海，次日沪上各界举行盛大欢迎会宴请梅兰芳一行。几天后，随行的张彭春等先期北上，而梅兰芳、齐如山、李斐叔、姚玉芙、龚作霖等5人因故缓期，加之当时客轮稀少，船票难购，前后耽搁了两个星期。8月2日，梅兰芳等乘坐太古公司的"通州"号轮船从上海启航，5日下午2时半抵津，5时半离津赴平。他在津虽然只是停留了三个小时，但却因在此得到了痛失两位亲人的消息而经历大喜大悲的转折。《大公报》《益世报》《京津泰晤士报》等报刊，均对梅兰芳此行做了详细报道，《天津商报画刊》更隆重推出整版篇幅，以八幅图片记录了这短暂而又难忘的三小时。

平津两地各界得到消息后，分别组织欢迎团。北平方面，梨园公会推举谭小培、姜妙香、李春林、阎岚秋和尚小云琴师赵砚奎等6人为代表来津迎迓，他们提前一日抵津，入住德义楼。天津方面，由美国大学同学会联合扶轮社、留美同学会、狮子会等社团，共同组成盛大迎梅会，推举杨豹灵、马丁为负责人。

正午一过，天津英租界太古码头上已是人头攒动，本是一个广阔的码头，竟至肩摩股击，拥挤不堪了。近2时许，聚集了《大公报》《益世报》《华北明星报》《京津泰晤士报》《天津商报》等报记

老画报风尚志

者和梅氏拥趸500余人。孟小冬的舅舅张桂芬也赶来迎接，往来奔走格外卖力，还在起士林购买了西点分送请客。因人员过众，英工部局特派一名中国巡捕长维持秩序，因恐有人拥挤入河，特规定迎候人员一律退至距岸二尺以外。时虽是微雨蒙蒙，但引颈远瞩的梅氏女粉丝们无一退缩，岿然不动。这一场面，与梅兰芳去国时的悄无声息，形成了鲜明的对比。

《天津商报画刊》以整版的篇幅报道了梅兰芳过津返平的经过

2时一刻，"通州"轮缓缓驶来。北平梨园公会代表佩戴徽章、高举迎梅旗帜位于最前列，码头上一片欢呼。梅兰芳、齐如山、李斐叔等早已出舱凭栏，扬巾回应。梅兰芳时身着浅棕色西装，戴白色礼帽，举止潇洒，神采奕奕；齐如山身着夏布长衫，手持鹅毛扇，精神矍铄；李斐叔则身着西装，风度翩翩，而梅兰芳略无风尘之容更衬托其较黑的面色。轮船抵岸后几人并未马上登陆，复至北岸转头，一刻钟后，轮船靠岸。各界欢迎人员相继登轮与梅兰芳等握手致迎。梅兰芳逐一含笑答谢，与欢迎人员略谈数语，即舍轮登岸。上岸未做停留，旋即驱车抵达《天津商报》创办人叶庸方（字畏夏）宅邸。

在上海时，北平梨园公会就已致电梅兰芳，告知了老夫子（梅兰芳的恩师陈德霖）病重的消息，而其7月27日病逝后，尚未及相告。更令人遗憾的是，养育梅兰芳的梅伯母也在这期间于北平去世，大家对此事也是守口如瓶。梅兰芳因不知情，一路上谈笑风生，怡然自得。及至抵达叶宅后，在他的再三追问下，叶庸方、黄秋岳只得如实相告。梅兰芳闻听之下，悲痛欲绝，决定即刻回北平奔丧，谢绝天津、北平准备的各种欢迎会和宴会。

在叶宅，各报记者意欲采访梅兰芳，请其略谈游美经过。梅兰芳因痛于伯母与恩师的噩耗，精神极度消沉，故先向记者表示歉意，略谈"此次赴美往返6个月，彼邦对于中国旧剧颇有深刻认识"。为此，计划当年年底再次赴欧洲演出，今日看来恐怕要展至明春了。记者问及他是否有再度访美意向，是否在平津有演出计划时，他说，本人虽有此意，但时间未定，估计要等到明年秋季了；近期没有登台演出之意。梅兰芳当时可谓是誉满全球了，此次载誉归来，他原想将自己的成功和喜悦告知抚养其成人的伯母和培育其成才的恩师，

1930年梅兰芳来津赈灾义演

与他们分享，让他们欣慰啊！接连遭受沉重打击的梅兰芳，除了悲痛哪里还有其他心思啊！

记者退而求其次，采访了齐如山。齐如山说，他们一行此次访美极为圆满。在纽约演出时，每次均特请粤人杨秀女士在开幕前以英语说明剧情。开幕后美国人不免感觉新奇，五分钟后即全神贯注，深入剧中，被其同化矣。演出深得美国各界欢迎，因急于返国，华盛顿等地虽然一再邀请，均未能前往，希望今后有机会再次前往。此次赴美演出，一切表演方式、布景道具，完全采用中国旧剧形式，美国许多戏剧专家对于中国旧剧的认识极为深刻，普遍认为中国旧剧实有立足世界之价值。可以说，此次成功实为中国旧式戏剧之成功，而非半欧式之海派或其他不伦不类戏剧之成功。当时有一个日本剧团也到美国演出，自称"最合美国味的日本戏剧"，但开演后，美国人一致认为是他们50年前业已淘汰的美剧，不足一顾。该剧团遂在美国大遭失败。在洛杉矶演出时，曾于好莱坞勾留20余日，与美国众多著名影星均有交往。在好莱坞参观各大电影厂时，影后曼丽辟克福亲自带领梅兰芳参观，并为他详细介绍各种机械。梅兰芳自带相机，拍摄了许多照片。因时间仓促，且设备不齐全，演员也不敷应用，故而在美时，未能拍摄有声电影，仅勉应派拉蒙公司之邀，演出《刺虎》的一个片段，也属新闻片性质。

梅兰芳在一旁强自抑制，悲蕴其中，只是闷头阅读各种画报。叶庸方凑过来，递上一张《天津商报画刊》。画报头版刊登的是梅夫人孟小

梅兰芳正在阅读刊有孟小冬大幅玉照的《天津商报画刊》

冬的大幅玉照，画面上的孟小冬姿态极佳，端庄文雅。正在梅兰芳持报阅读画报之际，叶庸方为其摄影留念。与梅兰芳、孟小冬素有来往的叶庸方深知，当时梅、孟二人正在闹矛盾，导演这样一个情节，可谓用心良苦啊！

随后，杨豹灵也赶来叶宅，与梅兰芳略做攀谈后，亲自驾驶摩托车将梅兰芳送往老龙头火车站。行前，梅兰芳将从美国带来的各种舶来珍品分赠津方知好，逐一答谢致歉。

或许是因了天津的盛情挽留，梅兰芳一行抵达车站后，才得知火车误点了，无确切时间到达。于是，梅兰芳只得再次返回叶宅小憩。至5时半，接到火车站电话，火车已自军粮城开行。梅兰芳一行再度启程。

梅兰芳乘坐火车离津赴平

梅兰芳登上月台，中外旅客群起瞩目，不住地与梅兰芳问候致意。见到此一幕，李斐叔不禁感慨道：访美结束时，美国各地已没有人不知道梅兰芳了，归国之情亦如吾国今日之景。

张伯苓六十寿辰游艺会

在严修的支持下，张伯苓先生荜路蓝缕，在津创办南开系列学校，亲任校长，深得学生拥戴。1935年4月5日是他的六十寿辰，学生们为了表达对他的敬爱和祝福，在南开女中举办了一场别开生面的游艺纪念会。同年4月9日《北洋画报》中吴秋尘以《张伯苓先生之寿》为题记录了游艺会盛况。

张伯苓的六十寿辰没有举办隆重盛大的庆寿宴会，也没有大张旗鼓地邀请社会名流与贺，只是在校园内与他的学生们同欢同乐。游艺会在南开女中礼堂召开，南开大学、中学、女中、小学和南

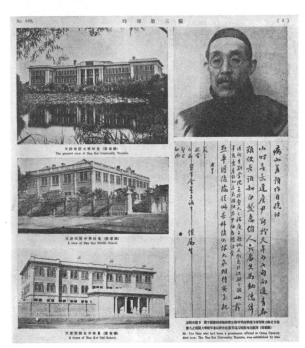

1929年第549期《图画时报》中的天津南开系列学校

1935 年第 25 卷第 1228 期《北洋画报》中的《张伯苓先生之寿》一文

开校友会等数百人参加。所有节目均由学校师生们自编自导自演，
节目颇多精彩。

开场的小学部歌舞，活泼动人，充满生机。70 余人组成的男女
中学部的合唱，规模宏大，蔚为大观，歌曲的作者是徐凌影，指挥
为徐生。男中部表演的傀儡戏《猪八戒招亲》，使人耳目一新，主演
徐兴让，台上用纸扎了一个简单的小戏台，略如常规的傀儡舞台，
但戏中所有的傀儡则完全由真人表演，一动一静，姿态完全模仿木
偶，惟妙惟肖，形式让人忍俊不禁，内容极富趣味、发人深省。

女中部表演的"八簧"剧最为精彩，脚本出自表演者之手。故
事假托为一家老少前往张府贺寿，剧中有一婆母、一姑母、一媳妇、
一女儿，演员虽都是十几岁的中学生，但她们表演的人物却自 20 岁

至50岁，且个个角色神情逼真。剧情褒扬了张校长"允公允能、日新月异"的办学理念和艰苦办学的精神，赞赏他做起事来不似50岁、40岁、30岁的人，却如同20岁的小伙子。该剧演员皆为南开话剧社《还乡》剧组中选取出的最有成绩者。该剧从创作到排演三日而成，而剧中色彩之显明，声调之铿锵，却不在《还乡》之下。演员更别出心裁地头部前后化妆，剧末八位演员整齐列于台前，高诵拜寿贺词。台下的张伯苓先生起身向演员、向台下观众致谢。

校友会演奏的国乐，由邹性初等合奏，老将出马，果然非同凡响，赢得台下阵阵掌声。最后是京剧压轴，王守媛、缪雪亚、华静珊三女士合演《桑园会》，功力悉敌。大轴为马派名剧《龙凤呈祥》，陆继功的刘备，赵湘白女士的孙尚香，字正腔圆，唱念俱佳。饰演张飞者以火炽取胜，而得好最多者当数陈质谷，一半是因为他的演技高超，一半则是因了他平素人缘最好。随着演员的集体谢幕，时钟指在了凌晨1时。众人尽欢而散。

张伯苓的好友朱庆澜特撰贺诗曰："弹指结褵四十秋，与梅同到几生修；先生高踞谈经席，俛仰从无内顾忧。采苹采藻事蒸尝，佳客入门罗酒浆；不识宾宴三百对，几人举案似鸿光。"

"梅花歌后"花四宝

梅花歌后花四宝

她出身卑贱，自幼被人收养，做过妓女；她婚姻不幸，三次适人，却屡遭伤害；她结缘梅花大鼓，与三弦圣手卢成科合作，独创花派梅花大鼓；她与戴少甫、于俊波、王佩臣、赵小福等名艺人同台演出，担纲攒底，开创了梅花大鼓诞生以来的先河；她在众多杂耍名家中脱颖而出，荣膺"梅花歌后"的美名；她却因患菌痢而香销玉殒，年仅27岁！她就是天津著名曲艺艺术家花四宝。

创立花派梅花大鼓

花四宝，原名张淑文，1915年生于天津，出身贫苦，自幼为张庞氏收养。八九岁时，师从票友邱玉山学唱梅花大鼓。她天赋异禀，肯吃苦，又勤奋。别人学徒少不得要挨打受骂，而她在三年的生涯中，却从未挨过一次打。她首次登台是在南市庆云坤书馆，取艺名

"花四宝"。那日，她唱的是《红楼梦》中的《宝玉探病》，琴弦悠扬，歌喉婉转，一曲终了，满堂皆彩。那年，她12岁。

庆云坤书馆本是妓女显示才艺、招徕嫖客的广告场。14岁的花四宝如花似玉，美艳无比，歌喉清脆嘹亮，加之当年小报的极尽吹捧，一些纨绔少年、富家子弟对其垂涎三尺。唯利是图的张庞氏在书馆老鸨的怂恿下，逼着花四宝堕入娼门，所有收入悉数上交张庞氏。1931年秋，在得到一大笔彩礼和"负责一家老小生活"的承诺后，张庞氏将16岁的花四宝嫁给了特二区警察所所长陈运普。说是结婚，但并未办理合法手续，也没有迎亲的花轿。

花四宝"出嫁"后，陈运普在东浮桥附近买了一套新居，张庞氏一家老小也跟了过来，还雇用了老妈子，所有花销统由陈运普承担。花四宝虽没有得到真正的爱情，但衣食无忧，倒也悠闲自在。但好景不长，陈是个大烟鬼，不再登台演出而百无聊赖的花四宝很快也学会了抽大烟。一天，突然一队警察闯进家门前来缉拿陈运普，说是他营私舞弊，侵吞公款。陈运普事先听到风声，带着家中所有的财物逃之夭夭。新居被查封后，花四宝一家生活无着，迁居至河南路的一个大杂院中。

为了生计，花四宝二次登台卖唱。先是在天晴茶社，后入东北角的大观楼，为她伴奏的是一代宗师、三弦圣手卢成科。卢先生虽双目失明，但技艺精湛，誉满津门。他二人红花配绿叶，相得益彰。从此，花四宝正式拜他为师。卢先生最先传授的是《老妈上京》，并依花四宝的嗓音特点，修改了唱腔，

众多杂耍名家都曾在大观楼献艺

1936年第9卷第8期《风月画报》中的梅花歌后花四宝

又把牌子曲引入梅花调。花四宝的《老妈上京》一经亮相，立刻震动了天津鼓曲界。

梅花大鼓是清末民初由流行在北京的清口大鼓发展而成。著名艺人金万昌与弦师苏启元改革唱腔，丰富伴奏，发挥了其婉转悠扬的特色，深得观众追捧，形成了金派梅花调，奠定了梅花大鼓在北方曲艺舞台上的重要地位。

从1933年至1936年，卢、花师徒合作改革旧曲，谱制新声，唱腔委婉悠扬、刚柔相济，形成了"悲、媚、脆"独特风格；吐字发音突出"喷、吐、顿、挫"的特点，做到"喷口"如断金破玉，吐字如板上钉钉，行腔如流水行云，上板如珠走玉盘。当时《大中华报》举办鼓姬选举，花四宝在众多名家好手中脱颖而出，以票数第一，荣膺"梅花歌后"的美名。园子上下张灯结彩，大台帐子是崭新的米色缎子，缎子上绣着"歌后四宝"四个大字。轰动一时，声誉益噪。

未几，南京的园子也来邀请，演出近一个月，名动秦淮。当年报纸以"整个地南京，闹得地覆天翻，满城风雨，秦淮河畔，花声飞扬"。回津后，复在中原公司游艺场、小梨园登台，更与王佩臣、赵小福等同在仁昌广播电台每日播音。

为争自由告养母

生活宽裕了，花四宝举家迁入日租界明石街汉益里16号。婚姻失败后的花四宝，仍是容貌俏丽，风姿绰约，洋溢着一种成熟的美，一时追求者趋之若鹜，其中不乏官宦子弟和富贾商人，但花四宝均不为所动。她却偏偏喜欢上了文质彬彬，谦和稳重，有教养，有学识的刘进培。花四宝在中原公司游艺场演出时，他们几乎每天中午都在一起吃饭，时常在公园幽会。刘先生对花四宝呵护有加，关怀备至。他们私下里相恋两年，两情依依，情深意笃，暗订终身。

但张庞氏认为，花四宝正在当红之际，这样一棵摇钱树岂能让她轻率适人。为了拆散他俩，养母为她相中了一个马大夫，想让花四宝为其做小。花四宝坚决不从，马大夫就天天到她家纠缠。一次，忍无可忍的花四宝放下狠话，你若明日再来，我就自杀！从此，马大夫再也没露面。养母知道后，一连骂了她几天。花四宝终日以泪洗面，大病一场，遂暗下决心，一定要脱离这非人的生活！

1936年9月23日晚11时许，在小梨园演出结束后，花四宝乘机赴河北三马路张淑梅律师事务所，请求代为诉讼，与养母脱离关系，恢复自由。翌日，律师向张庞氏递交了代理此案的信函：

张淑文为张庞氏收为养女，长期被迫为娼，旋改鬻歌，迄今十余年。每日赴台演唱，收入稍有不佳，即遭白眼，冷言讽讥，备肆酷虐，予以精神上莫大之刺激，行动既不能自由，平素生活毫无舒适之一日。且淑文早已成年，对婚姻问题，养母百般刁难，故意阻挠，丝毫不能自主。淑文已于本日自由行动，实行与养母脱离关系。为人格自由计，一生幸福计，谨委托本律师为法律顾问，并代理诉请脱离关系。在此诉讼期间，恐被非法侵害，本人只得先行赴平暂避，一切事务统希全权代为办理等情前来。查委托人既不愿充当歌姬，而每日仍须登台，其行动自由均被限制，当系实在。按委托人委托，自当依法进行。本律师兹为息事宁人起见，特先函达通知，对委托人之意见是否同意，有何表示，希于信到三日内来所与本律师接洽为荷。否则，即当代理提起脱离养女关系之诉，以求法律之保障，更望勿以此言为河汉。此致张庞氏。

三日后，未得到张庞氏的回复，花四宝遂向天津地方法院正式递交了诉状：

窃淑文自幼被张庞氏收为养女，后习大鼓，充当歌女，逐渐成名，收入颇丰。被告视为奇货可居，限制自由，平日收入稍有不佳，即遭白眼，冷言讥讽，精神上所受之痛苦，较之打骂尤甚。依淑文一人之能力，养活家中毫无相干者十余人，而对淑文之生活，则无舒适之一日。行动既不能自由，婚配又不能自主。回首前途，茫茫无际，何日始能脱离黑暗地狱，恢复自由。红颜白发，瞬息即逝，一生幸福，恐为张庞氏摧残殆尽。自怨身世之遭遇，只有暗自饮泣。所受痛苦，何堪言状？今十余年，被告只顾牺牲淑文之色相歌喉，惟金钱是图，不予婚配。淑文生何不幸为歌女？更何不幸为被告之养女？淑文心甚不甘，辄多背谬，由此双方情感破裂。兹为泣恳钧院，传案调解。俯念深处苦海中之无告歌女，维持人道，拯孤女于水火，谕知被告准予脱离养女关系，解除20余年之羁绊，恢复自由。则感大德无涯矣！

虽然张庞氏在法庭之上哭天抢地，大呼冤枉，但律师张淑梅对花四宝不幸经历极为同情，为维护她的人身自由，据理力争，慷慨陈词，伸张正义。痛遭驳斥的张庞氏张口结舌，无言以对。最终在法院的调解下，花四宝付给张庞氏一笔赡养费，准予其与张庞氏脱离养母女关系。当时有些小报报道花四宝付给张庞氏一大笔钱才了结此案，而据其妹花五宝回忆说，"四姐平时演出的收入，都如数交给姑母保存。这一大笔钱她从何而来"？而且从法院回家后，张庞氏大哭道："太欺负人啦！法院才判给那么点钱。我把她拉扯大那么容易呀？"

香销玉殒

与养母脱离关系后，花四宝如愿以偿地与心上人正式结婚。婚后，花四宝退出歌坛，一心经营自己来之不易的爱巢，小两口恩恩爱爱。闲时，花四宝画两笔梅花，脸上写满了幸福。谁知，天有不测风云，人有旦夕祸福，和美的生活仅仅过了两年。

1938年秋，丈夫突然失踪，从此杳无音讯。花四宝没有了生活来源，只得再次登台演出，仍与卢成科合作，复出于燕乐戏园。虽然仍能得到观众的热捧，从艺生涯再现辉煌，但孤独和寂寞无时不咬噬着她的心灵。在那个年代，杂耍艺人属于下九流，有钱有势的人把女艺人只当作玩物，一个无依无靠的女艺人想要生存，谈何容易！1940年春，别无选择的花四宝只得向命运低头，与马大夫订婚，在法租界大同桥建德坊的小巷里租住了一所楼房。

同居前，马大夫的钱任由花四宝花销，衣服首饰，随意购买，只为博美人一笑。同居后，想要的到手了，追求的狂热随之降温。当年，女艺人结婚后通常就不再抛头露面了，但马大夫却把花四宝当成一个能挣钱的玩物，仍让其上园子卖唱。同居后的花四宝郁郁寡欢，心中无限的辛酸与痛楚。1941年冬，花四宝突患急性菌痢，一夜冷汗淋漓，竟致不起。连续几日的打针吃药仍不见成效。病逝的前一天，花四宝突然有了精神，对前来探望的人说："请告诉观众放心，等过两天病好了，我花四宝再上台感谢各位！"次日下午遂香销玉殒，撒手人寰！一代"梅花歌后"匆匆地走完了璀璨如流星般的27个春秋。

马连良与疙瘩楼

被誉为万国建筑博览会的五大道风情旅游区的小洋楼各具特色，异彩纷呈，位于今河北路与睦南道交叉口的疙瘩楼更是造型奇特，独树一帜。疙瘩楼建于1937年，为意大利建筑设计师保罗·鲍乃弟所设计，是一幢具有浓郁意大利风情的毗连式高级住宅。为四层砖木结构，前后有小院，底层为汽车房，二层为客厅、餐厅，三、四层为居室、书房。三层设有圆拱形阳台。房间宽敞明亮，功能齐全。设计师使用拱券门窗和多样立柱，颜色朴拙却强调反差，外檐立面巧妙地用硫钢砖形成的"疙瘩"做点缀，故称"疙瘩楼"。该楼之美就在于独特的疙瘩上，造型也不求规整，表面凸显出来的砖块参差有致，与阳台珍珠串式的栏杆、窗边的水波纹花饰相映成趣，妙成天然。

说起疙瘩砖的原料硫钢砖，这里面还有一段鲜为人知的故事。据说，20世纪初，在津西青龙潭（今水上公园一带）有一个窑厂，主要生产砖瓦。砖是黏土砖，有青砖和红砖两种；瓦是大筒瓦，有底瓦和盖瓦之分。一天因为窑工的疏忽，有一窑砖烧过了火，整窑的砖烧成了瘤子砖，卖不出去。这事被一个有头脑、懂建筑的外国人得知，他见这种砖因烧制时间长，比耐火钢砖还坚硬，更耐碱蚀，而且外形奇特，形态各异，极具美学价值，是一种难得的建筑材料。

于是，他就以低廉的价格全部买下。后与好友鲍乃弟谈及此事，鲍乃弟从中获得灵感，遂设计出了今天的疙瘩楼。

疙瘩楼的原居民多为知识界人士，多数是天津工商学院（今天津外国语大学）的中外教师。1941年，著名京剧表演艺术家马连良买下了其中的两套，一套来津时小住，一套出租。从此，疙瘩楼便身价倍增，闻名于世。

1943年第5期《马连良专集》中的马连良

一代宗师　须生泰斗

马连良（1901—1966），字温如，回族人，生于北京。8岁入"喜连成"科班学艺，先学武生，后改老生，最后归工文武老生，艺宗"谭派"（谭鑫培），出科后所演之剧目亦为谭派戏。15岁变声后，

侧重学习念工戏《审潘洪》《十道本》《胭脂褶》《盗宗卷》等，为其念白打下深厚功底。此后，马派代表性剧目多是唱念并重，甚或念重于唱。20岁时初演的《三字经》，自始至终全为念白，韵味悠然，念白如唱。在经常演出的剧目中，念白有时老辣，有时苍劲，有时是幽默风趣的声调，有时是忠告谏劝的语气，用以表达人物的不同性格和感情需要。他善于将念白处理得像唱一样具有强烈的艺术感染力，悦耳动听。

1923年第8卷第1期《小说新报》中的马连良剧照

他在唱工上吸收了"内廷供奉"孙菊如唱法的精华，在念工和做工上又向贾洪

马连良与票友王治平

林、刘景然等名家学到不少技艺，经揣摩、钻研，由演唱工戏逐步改为演出唱、念、做三者并重的剧目，形成了自己的艺术风格。在学"谭"的基础上，发展革新，经过长期的舞台实践，在京剧界老生行中创出了"马派"，自20世纪20年代至今盛行不衰。1930年曾被《京报》主编、民国时期著名报人邵飘萍誉为"一代宗师、须生泰斗"。

如今，《借东风》《甘露寺》《十道本》《春秋笔》《四进士》等马派剧目中著名的唱段，仍在戏曲界、票友中广为传唱。每逢夏日，天津的社区公园里便能听到票友们演唱的马派经典唱段，观众的掌声、喝彩声不绝于耳。

天津情缘　由来已久

天津素有"戏曲之乡"之称，在京剧界又有"北京学戏，天津走红，上海赚钱"之说。因此，从清末到民国，几乎全国的所有京剧名角都曾到过天津。天仙戏园、春和大戏院、中国大戏院等曾是他们走红的舞台。

马连良自1922年与梅兰芳一起在英租界马场道潘复家演出《游龙戏凤》后，便与天津结下了不解之缘。在他的戏剧生涯中，天津是他的重要舞台，这里留下诸多他的难忘时刻，这里拥有众多喜爱他的观众。

麒派创始人周信芳的"移风社"自1932年起便在天津公演，享誉一时。进入1933年后，上座率开始下滑。因1927年马连良与周信芳曾在上海合作演出，盛况空前。为此，春和大戏院经理亲赴北京找到马连良，请他俩再度联手。马连良欣然接受。1933年4月，周信芳与马连良一南一北两位老生，在春和大戏院连续上演了四天六场，观众满坑满谷。"南麒北马"自此叫响于世，成就了戏剧界的一段佳话。

1936年9月19日，有"华北第一剧场"之称的天津中国大戏院隆重举行开幕典礼。总经理孟少臣致开幕词，市政府秘书长代表时任天津市长的张自忠致祝词，马连良代表中国大戏院致谢词。在马富禄的《跳财神》、马连良的《跳加官》后，是马连良、姜妙香、茹富蕙、刘连荣等主演的《群英会》《借东风》。开幕首期，马连良的扶风社连演18天，场场爆满，戏院得纯利2万元，可谓开业大吉。

早期马连良每次来津演出时，不是住在旅馆，就是住在朋友家。《民生报》主编齐协民、江苏督军李纯的长子李振元等的私宅，他都曾借住过。当年，一个名叫

马连良与杨小楼的便装照

杨楚白的戏迷，是马连良最忠实的粉丝。只要马连良来津演出，他场场不落。杨楚白是天津八大家"长源杨"的后人，是中南银行的高级职员，家住新加坡道（今大理道）。时间一长，他两人就成了朋友。杨楚白时常邀请马连良到他家做客，两人还曾合影留念。马连良也赠送他一些礼物，其中有一张马连良的剧照，并题写"楚白兄惠存"。杨楚白建议马连良在附近购买一处私宅，以作来津落脚之用。后经时住香港道（今睦南道）的好友张学铭帮助，马连良购得疙瘩楼。

马连良与夫人陈慧琏的结婚照

疙瘩楼虽只是马连良来津小住之地，但这里却聚集了天津政界、文化界、艺术界的众多名流。溥仪的堂弟、著名书画家爱新觉罗·溥佐先生曾回忆，当年的疙瘩楼曾是"车如流水马如龙"，经常出入的宾客不乏袁世凯、冯国璋、靳云鹏、鲍贵卿、张绍曾、曹汝霖等显赫一时的风云人物，或是荀慧生、梅兰芳、杨小楼等艺术大师。

如今，疙瘩楼上的一个单间仍陈列着马连良的一些珍贵照片和演出行头，它们见证着这幢楼昔日的辉煌，讲述着当年曾在这里发生的故事。

千松楼文人雅集

　　江苏督军李纯的长子李子洲在津之时，夙嗜戏剧，尤好绘画，又师从画家赵松声学习绘画，颇有心得。1940年10月初，舌画家黄二南抵津，李子洲遂于寓斋设宴款待黄二南，请老师赵松声，画家陈少梅、吴迪生，报人张聊公及臧君作陪。赵松声号万松楼主，李子洲遂取"千松楼"为斋名。

　　赵松声在天津画坛名重一时，为同道尊崇，对陈少梅推崇备至，欣然自居其下。陈少梅声名正隆，但为人谦逊，更敬重赵松声。当时，陈少梅虽酬酢频繁，但仍应约而来。酒足饭饱，众人余兴未减，李子洲操琴，陈少梅与张聊公配戏连唱两段。李子洲善唱净角，可惜座上诸公唯有他善操琴，众人皆为未能听到他的黄钟大吕之音而遗憾。

　　李子洲收藏古今名人书画甚富，自称最近购得南宋马远的一幅中堂画，但不敢断其真赝，另以250元购得《黄河图卷》，也不知出自何人手笔。黄二南、吴迪生均请一观，李子洲乃使仆从取出。赵松声观后，对马远画中松石的笔法颇为赞赏，但不敢断为真迹。画中有吴宽题诗，写作俱精，吴迪生观后确定为吴宽真迹，但题诗仅咏画中景物，并未言之画作，因此，不能因吴宽之真而推断马远之真。因吴宽为明末清初书法家，此画无论真伪亦为古画，应确定无疑。《黄河图卷》长至丈余，河道为黄色，山峰作青绿色，间用蓝色，备极鲜明，笔致之细致，设色之鲜丽，令人赏心悦目。众人一致认为，此画为清宫如意馆或其他类似机关所作的黄河流域地图，虽未知何人所作，但可确定为我国美术精品，更为考证黄河旧时河道的绝好材料。李子洲称，自己收购此画原为救人所急，众人无不感佩其古道热肠。

李子洲再请黄二南、赵松声、陈少梅三大画家合作一幅中堂画。陈少梅因事务繁忙，不克久留，乃先绘一位老人，顷刻而就，下笔甚远，意态生动，衣纹明晰，观者无不叹赏。赵松声称："今日艺坛之上善绘仕女者，少梅应算第一支笔了！"赵松声让李子洲取来扇面，仅寥寥数笔，一位美人便跃然纸上，神态婉妙，令人生怜。送走陈少梅，黄二南在老人旁画嵯峨巨石，气势雄奇。赵松声请张聊公补竹，张聊公虽手心发痒，但终不敢轻试。赵松声遂亲自上阵绘松，一幅中堂画遂告完成。

随后，黄二南又为同座臧君画石，请赵松声补松。李子洲的司机嗜画如命，借机恳请赵松声转求黄二南为其画一小条。

1931年第13卷第607期《北洋画报》中的"舌画家黄二南专页"

黄二南以指画竹，秀挺可观。赵松声补石，益增精彩。应李子洲之请，黄二南再作一幅扇面，云山烟景，苍茫入古。李子洲大获丰收，甚为欣喜。

张聊公既饱盛宴，复观名作，欣幸之余，乃撰文《千松楼读画记》，刊于1940年第10卷第6期《新天津画报》。

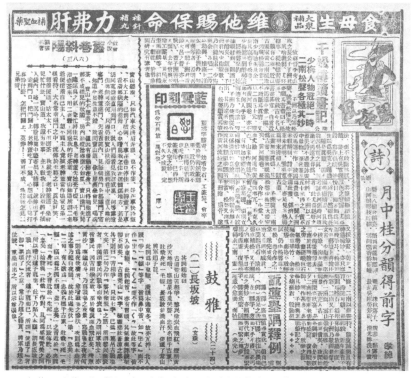

1940年第10卷第6期《新天津画报》张聊公的《千松楼读画记》一文

小蘑菇现挂数来宝

1941年第3卷第7期《游艺画刊》的《小蘑菇技艺总评》

1941年4月初，著名画家于非厂先生从北京来到天津，津城闻人在登瀛楼设宴款待，并约请相声名家小蘑菇常宝堃表演助兴。席间，于非厂请小蘑菇表演一段数来宝，但要求遣词造句应与当天的雅集相关，与书画主题相符。以现挂著称的小蘑菇未假思索，脱口而出，表演了一段令人拍案叫绝的数来宝。署名"苍竹"的作者在1941年4月16日的《游艺画刊》中记录下了这段数来宝的内容，让后人得以领略到19岁小蘑菇的风采。

打竹板，用目观，各位名士吃西餐，讲书画，论笔单，在座诸公可占先。什么溥心畬、张大千，仿宋花鸟于非厂；陈半丁、吴湖

1947年第296期《戏世界》中的小蘑菇

帆，细笔山水郭北峦；苗拱石、郭傅章，药雨先生本姓方。

汤定之、吴待秋，乔山、叶昀、陈缘督；余绍宋、白石翁，道敏学生曹文耕；张海若，朱拓好，王师子鲤鱼带花鸟。这些画，我报不全，蘑菇爱画没有钱。

要瞧画，到永安，周殿展览定房间；我蘑菇，学问富，工笔老人带松树，画山水与人物，全给我挂在小便处。

李金鸿拜师王伯龙

1941年6月，由中华戏校改组的光华社来津，在北洋戏院公演，成绩甚佳，该班大梁李金鸿极受三津各界欢迎，尤得津门耆老章一山、金息侯青睐。每至晚场，章、金二老必高坐前排，指挥着全场观众鼓掌、喝彩。

李金鸿1923年生于天津，早年师从张善亭、阎岚秋、诸如香学习花旦。1939年后，出演于京、津、沪等地，颇得赞誉。后又向王瑶卿、萧长华、李凌枫、韩世昌等名家学习花旦、刀马旦和昆曲，打下了全面扎实的艺术功底。

此次来津后，

1943年第245期《立言画刊》对李金鸿的图文报道

经该班班主、北京著名编剧陈墨香之女陈晓云女士之介，李金鸿得以往谒金息侯、王伯龙，金息侯当面即令李金鸿拜王伯龙为师，拟择日举行拜师典礼。王伯龙为津门名士，曾与其弟王元龙、王次龙在上海共同创办著名的"三龙电影公司"，后弃影从文，来到天津从事编辑工作，

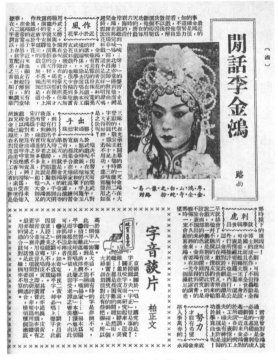

1941年第123期《立言画刊》中的《闲话李金鸿》

先后主编《天津商报画刊》《银线画报》等，为《立言画刊》"天津专页"主笔，且酷爱京剧，尤擅花旦，在票界享有盛誉。

后因北洋戏院公演期满，李金鸿返京，遂致停顿。7月底，李金鸿与富连成叶盛章联袂出演于津城中国大戏院，恰值陈晓云亦在津门，乃旧事重提。7月28日晚7时，遂假座致美斋，举行谒师礼。李金鸿柬请章一山、金息侯二老，以及丁佩瑜、陈葆生、张聊公、陈晓云、名票近云馆主、名坤伶章遏云等30余人参加典礼，共设三桌，名家荟萃，济济一堂，备极一时之盛。李金鸿烦请丁佩瑜大笔楷书朱红全帖，共计七字，帖面书一个"正"字，帖内书"门下士李金鸿"六字。金息侯阅后笑称："此七字，值七千金！"因丁佩瑜曾任财政部库藏司司长，故借此相戏。

仪式开始，陈晓云首致祝词称，今日观礼诸名流，有太史（章

一山）、少保（金息侯）、财神（丁佩瑜），可谓蓬荜生辉。今得拜王伯龙为师，从此金鸿一登龙门，必获名利兼收，大红大紫矣！入席后，王伯龙居首席，众推章遏云陪座次位，因其自沪新归，理应如此。唯章遏云谦逊不肯就座，乃请近云馆主代之。众人坐定后，李金鸿向老师王伯龙行三叩大礼，再谢金息侯任观礼贵宾，仍行三叩礼。众客纷纷道喜，举杯称贺，并召远东摄影公司合拍一照，以志纪念。

此后，李金鸿拜尚小云、梅兰芳为师，成为我国著名的京剧表演艺术家。

"女鼓王"林红玉重返津门

　　林红玉，本名蔺红玉，1907年生于天津，7岁随父母迁居北京。自幼喜爱戏曲，9岁延师学唱京剧，11岁改习大鼓，拜王文瑞为师学梅花大鼓，取艺名林红玉。13岁复拜师于德魁，改唱京韵大鼓，出师后在京、津一带登台。后宗王祯禄专攻刘派京韵大鼓，名弦师刘文有为其伴奏。1926年至1939年夏往返于京、津各园，逐渐走红，在天津东北城角天晴茶社连续攒底6年，成为该园名副其实的台柱子。1932年春，在天津《大中华报》的票选中获得"女鼓王"的称号。1946年与中原游艺部主管桑振奎结婚后，赴山东济南演出一年有余。1947年7月，应天津大观园之邀

1947年第1期《星期五画报》中访林红玉图文

重返津城。

林红玉重返津门的消息一出，天津各大小报刊竞相刊发消息。1947年7月4日的《宇宙画报》第1卷第11期，以《林红玉入主大观园》为题，介绍了京韵大鼓女鼓王林红玉的精湛技艺，报道了她阔别津城一年后重返第二故乡时，天津鼓迷的热切期盼。

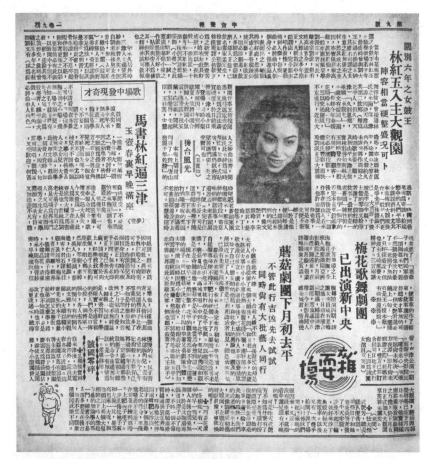

《宇宙画报》对林红玉的报道

林红玉获得女鼓王美誉后，一度驰誉华北地区歌场若干年。最为火炽之时，曾与鼓王刘宝全同台，宣传海报中他二人并挂头牌，这在当年鼓曲界的女伶中绝无仅有。林红玉成名绝非偶然，其主要原因是"艺术高超，异于群伦，非一般率而操觚妄学刘派皮毛者可比"。她虽然也宗刘派，但却虚心若谷、从谏如流，善于吸收和听取他人意见，取众家所长，不断丰富和完善自己的表演艺术。过去鼓曲中的唱词有很多地方前后矛盾、语句不通、错词错字，而林红玉则有一个由孟定生、徐宝如、张语梵、徐朴庵等诸多社会名流组成的智囊团，"皆朝夕为之研究，煞费苦心"。他们将旧鼓词中的错谬之处一一择选出来，要么完全删去，要么予以匡正。他们还帮助林红玉分析鼓曲中的人物形象，反复揣摩人物的心理，因此，她在唱作表情上更能传神入微，"每奏一曲，必将曲中个个身份描摹逼真"，将人物刻画得入情入理，惟妙惟肖，恰到好处。以《长坂坡》一曲为例，林红玉虽已将该曲烂熟于心，但十余年来却一直不敢轻率演出，后来听说京剧大师杨小楼来津演出同样剧目的戏剧，她一连看了多场，领悟到了其中的真谛，才敢登台一试。演出中，她大胆引进京剧艺术，处处模仿杨小楼的做派，深得观众认可。此剧一经演出，即优于其他鼓伶，给人耳目一新的感受。"其好学不倦之精神，亦诚可钦佩也！"

近一年来，林红玉长期在外埠演出，三津人士一直渴望听到她的妙曲仙音。1946年冬，其弦师刘文有曾致函天津鼓曲界称，林红玉"久别思乡，极愿一来观光……最好明年春暖花开时来此一行"。然而后因交通梗阻的原因，未能成行。1947年6月，小梨园每年照例歇夏，大观园遂将两园艺人合并一处。但时间不长，小岚云、燕凌霞、程玉兰、白云鹏、阎秋霞、郭荣启、朱相臣、王桂英、宋慧玲等，却联袂离津赴平。该园经理王新槐遂将久未露演已作冯妇的时调歌姬姜二顺，及新近由平来津的侯宝林、郭启如等，招至麾下，但仍缺少一个大轴的角儿。就在这时，获悉林红玉有意来津的消息，王新槐急忙致电刘文有正式邀请林红玉加盟大观园。后经双方多次往返电商，终于6月底洽商妥当，并由园方为林红玉购买了机票，于7月3日乘机抵津。

因天津著名的杂耍园子小梨园歇业，也因有了杂耍界较强的阵容，更因林红玉一年多未曾来津演出，观众们都要一睹阔别后女鼓王的风采，聆听刘派正宗大鼓传人之妙曲法音。7月10日林红玉重返津门的首次演出大获成功，其拿手好戏《长坂坡》让观众听得如痴如醉，现场气氛异常火爆。整个园子满坑满谷，园子主人更是赚得盆满钵满。

影星宣景琳的传奇人生

她曾是沦落旧上海娼寮的青楼绝色，浓妆艳抹，强颜欢笑，接待着八方嫖客；她追求挚真的爱情，为了嫁给六少爷积攒赎身钱走进电影公司；她主演了《最后之良心》《上海一妇人》《少奶奶的扇子》《真假千金》等近40部影片，因饰演不同性格的多种角色而得名"变脸女王"。她就是与张织云、杨耐梅、王汉伦一起被评为"上海四大女明星"的宣景琳。

宣景琳便装照

宣景琳，原名田金玲，1907年出生于上海的一个贫困之家，父亲在街边卖报，母亲在家照料5个孩子，金玲最小。父亲早亡后，哥哥、姐姐出去给人帮工，剩下她与母亲相依为命。金玲自幼聪明伶俐，讨人喜欢。在"笑舞台"票房间管账的舅舅常带她看文明戏，金玲渐渐入迷，回来后就给邻居们模仿表演。母亲希望她读书上进，节衣缩食让她上私塾，后来又托人送入免费就读的教会学校。可是她对乏味的四书五经毫无兴趣，

宣景琳（前排右二）与胡蝶等在一起

最终还是辍学了。

她有个叫顾少夫的邻居，是京剧名丑。他唱青衣的夫人非常喜欢这个天真活泼的小姑娘，金玲如愿地师从顾夫人学起了京剧。但好景不长，先是母亲去世，后是哥哥积劳成疾病倒在床，接踵而来的打击让她绝望了，养家的重担一下子就落在了她的肩上。很显然，仅靠唱京剧所得是不能为哥哥医病的，于是，年仅15岁的她不得不卖身娼门，堕入人间地狱。

民国时期的上海妓院分为长三、么二、野鸡、碰和台、花烟间、钉棚、咸水妹等若干个等级。金玲所在的四马路会乐里娼寮区属于头等长三，是上海滩著名的烟花巷。金玲正值妙龄，天生丽质，又有唱京戏的功底，特别是穿上唱戏的行头后，身段婀娜，姿态轻盈，美艳而脱俗。时间不长，就成了会乐里的红姑娘，许多嫖客慕名而来。

娼妓业的发达带动了周边的服装、百货、理发、浴池、照相等行业的兴盛，专门报道妓院、舞场的花边小报也就应运而生。这些小报常以大篇幅为某妓女做广告，并配上妓女的玉照。金玲是个刚出道的雏妓，而且又是花界一颗冉冉升起的新星，自然成为小报猎取的对象。不久，一张金玲骑着毛驴的照片就赫然登在了某风月画报上。也正是这张照片彻底改变了金玲的人生。

明星电影公司当时正在筹拍一部名为《最后之良心》的电影，主角确定后，正在寻找一个重要的配角。一个偶然的机会，公司老板张石川在画报上看到了这个骑驴巧笑的女子，相貌妍丽，年龄不大，但眉宇间却透出老成，神情气质与他们要找的角色极为吻合。事也凑巧，演员王吉亭正好认识她，遂将她引荐到明星公司。

早期在上海拍电影的场面

　　金玲以"出堂差"的名义来到电影公司，给她试戏的是明星公司大名鼎鼎的老夫子郑正秋。他戴着一副深度近视眼镜，鼻子贴着金玲的脸仔仔细细地打量了她半天，觉得还好，只是嘴有点瘪。于是，他转身与在场的张石川、周剑云商量，最后说，就是她了！

　　金玲回到妓院后，既兴奋又担忧。原来她在"出堂差"时结识了一个六少爷，二人产生了感情，私下里订下婚约。金玲为了追求爱情，建立自己理想中的爱巢，正在积攒2000元的赎身钱，听说拍电影很赚钱，她兴奋是因为马上就能筹足钱与自己的心上人团聚了！忧的是自己还不是自由身，如果拍电影的事被老鸨知道了，真不知

《最后之良心》是宣景琳（右二）的处女作

会有什么后果啊！为了不暴露自己，她请郑正秋为她改名为宣景琳，"景琳"是金玲的谐音。

在拍戏时，宣景琳充分展示了表演天资和潜能。炭精灯下，宣景琳一改平素的温柔恭顺。第一场戏，她双臂交叉于胸前，斜目而视，一副刁蛮歹毒的刻薄女形象；第二场戏，她辱骂老实窝囊的丈夫，气势汹汹对他讽刺挖苦，鄙夷的眼神里流露出无缘的邪恶；第三场戏，她又收敛了骄横跋扈的形象，变成了一个卖弄风骚的荡妇。她的表演让在场的导演、演员无不击掌叫绝。

结果，《最后之良心》不出意料地票房大卖，观众对宣景琳的表演更是津津乐道。明星公司看出她的潜质，一致认为她日后一定会大红大紫，遂与她正式签约，宣景琳正式加盟明星电影公司。然而，好事多磨，宣景琳拍电影的事还是被老鸨发现了，老鸨没收了她所有的积蓄。明星公司得知她的真实身份后，并没有歧视她，大家在同情她的不幸遭遇的同时，也对妓院老鸨的恶劣行径极为愤慨。张石川毅然决定出资2000元为她赎身。宣景琳从此跳出火坑。有情人终成眷属，在经历一番波折后，宣景琳终与六少爷成婚。

此后，宣景琳又拍摄了《小朋友》《上海一妇人》《盲孤女》《可怜的闺女》《无名英雄》《梅花落》《真假千金》《少奶奶的扇子》《浪漫女子》《娼门贤母》等30余部电影，成为家喻户晓的电影明星。她因戏路宽，能扮演多种性格的不同角色而被誉为"变脸女王"，更因在《少奶奶的扇子》《姊妹花》等多部影片中扮演的老太婆形象而被誉为"中国电影第一老太婆"。

宣景琳在《小朋友》中扮演慈爱而坚强的寡母

宣景琳主演的《浪漫女子》剧照

娱乐场所

光怪陆离的北京天桥

北京的天桥、天津的三不管、上海的城隍庙、南京的夫子庙、沈阳的北市场、郑州的老坟岗，都是旧中国著名的平民娱乐场所，是市井文化的品牌。但北京天桥出现的名人逸事之多，留下的名人足迹之深，聚集的全国各地名人之广，却是首屈一指。天桥以其平民化、大众化的商业市井风情和五方杂处、丰富多彩的演艺游乐，吸引着八方游客。老北京有句俗

20世纪30年代初的北平天桥露天剧场

20世纪30年代初的北平天桥露天剧场

话：来北京"故宫可以不看，天桥不能不逛"。

在前门大街与天桥南大街的交会处有座花岗岩的拱桥，建于明朝，明清两代皇帝每年到天坛、先农坛祭祀时必从此桥经过，故称天桥。明清时期，天桥桥北东西两侧风光秀丽，景色宜人，游人如织，于是，出现了经营饮食、旧货的"穷汉市"。清朝末年，天桥开始建起了一些商铺，并有了"落子馆""书茶馆"等娱乐场所，渐成游玩之地。继之，五行八作，纷至沓来。旅游刺激了商业，商业带动了旅游，天桥一带日趋繁华，天桥市场逐渐形成。

天桥最吸引人的还是娱乐行业，1911年，京剧世家出身的著名武生演员俞振庭，首次在天桥建立了振华大戏棚，成为天桥第一家戏剧演出的场所。20世纪30年代，天桥已有戏园子、杂耍场、书场、茶馆、落子馆、摔跤场等娱乐场所200余处。人们在此少花钱甚至不花钱就能看到各种撂地演出。

戏园造价低廉，设备简陋，多为临时建筑，经不住风吹日晒雨淋，每隔一两年就要进行一次整修，这是早期天桥戏园的共同特点。但戏票低廉，平民百姓乐于光顾，贫苦艺人也能赖以生存。

进入民国后，天桥的房地产渐热，官僚、地署、商贩、艺人纷纷集资购地置业，更有一些有商业头脑的人，引进西方文化，借鉴上海的经营方式，结合北京的地方特色，建起以商业为主、娱乐为辅的综合游乐场。最著名的当数新世界和城南游艺园了。

新世界全称北京新世界第一游艺场，位于香厂路，由军阀陈光远投资，英国人包工，仿照上海大世界建成，1918年2月11日（农历正月初一）开幕，楼形为五层船形洋楼，楼头设有屋顶花园，可以远眺全城，当时是城南最大的游乐场。为了与新世界竞争，一年后曾任督军的李准出资建成了城南游艺园，聘请广东商人彭秀康为经理。该园1919年2月1日开

1927年第20期《天民报图画附刊》中的天桥露天市场

业，位于永安路南，正门向北，巍峨的西式门楼和新世界遥相呼应。这两个游艺场都设有舞厅、影院、剧场、杂耍场、茶馆和小吃摊等。这两个竞争对手除了在票价、开场时间、经营范围上求变求新外，还在邀请名角上较上劲。新世界邀来了富连成科班第四科几位学生和大鼓坤角谢大玉，游艺园请来了鼓王刘宝全，相声名家焦德海，

1939年第1卷第2期《中国文艺》中的《闲话天桥》一文

电影明星韩兰根、殷秀岑。但城南游艺园技高一筹、花样繁出，每周六举办封神榜焰火晚会，逢年过节，大放花盒，登报开彩，一、二、三等奖分别是一百块大洋、金戒指和金表，当年的报刊也是一面倒地吹捧它贬低新世界。鼎盛时，城南游艺园的营业额是新世界的5倍以上。1928年北洋政府垮台，所属机关及各省驻京机构迁往南京，日趋衰落的新世界也在这年宣告停业。1921年，城南游艺园坤剧场发生了塌楼事故，旧官僚之女燕小姐当场被砸身死，一时轰动京城，该园因此惹上了官司。后虽经修复，但营业却是一落千丈，终于20世纪20年代一度暂告歇业。1931年2月，该园再度开业。《世界日报》刊登的广告中虽称之为"百戏杂陈，声歌彻耳，独一无二之娱乐场"，并且特聘孟丽君、安舒元两大台柱为号召，连映由阮玲玉主演的《妇人心》和言情佳片《多情哥哥》。但好景不长，"九一八事变"后，华北局势陡然紧张，北平整个娱乐业大受影响，因而，城南游艺园的复业锣鼓余音未消就又被迫关张了。

光怪陆离的天桥人才辈出，培养和成就了一大批名角儿，留下了一代又一代的名人足迹。京剧梅兰芳、程砚秋，评剧白玉霜、新凤霞，相声高德明、侯宝林，京韵大鼓刘宝全、陈书筠，奉调大鼓魏喜奎，北京琴书关学曾，魔术张宝清、大王一，杂技云里飞、大刀张等，都曾在这里登台献艺。

天桥早期著名的相声艺人首推"穷不怕"，《天桥杂咏》中是这样记载他的："信口诙谐一老翁，招财进宝写尤工，频敲竹板蹲身唱，谁道斯人不怕穷？日日街头撒白沙，不需笔墨也涂鸦，文章扫地寻常事，求得钱来为养家。"焦德海的相声和云里飞的滑稽二簧是20世纪三四十年代天桥最火的场子。焦德海是侯宝林的师爷、"穷不怕"的徒弟，生于1879年，卒于1935年。他的脸精瘦、细长，一生不留胡须。他说："相声艺人老不能留胡须，少不能留分头。干这行不能往美处修饰，因为说相声的嘴最损。"他的相声都是自己编的，

1947年，北平天桥的杂耍艺人正在表演

他善于观察生活，从中获取灵感，提炼升华成为他的作品，因而接地气，贴近百姓。侯宝林二次进天桥，就在焦德海的场子里演出过，实现了他的第一步愿望。

最能代表天桥特色的艺人"八大怪"历经几代，多有变化，姓甚名谁，说法不一，有的久居天桥，有的昙花一现，但他们的独门绝技却是有口皆碑。这其中有一个训练蛤蟆教书的老头，演出时他说一声："时间到了，上学啦！"先是一只大青蛙从瓦罐里蹦出来，后又有八只小青蛙一个个地跳出来，面对大青蛙排成两队。开课后，大青蛙怎么叫，小青蛙就怎么学。十分钟放学后，先是小青蛙一个个跳进罐里，最后大青蛙再跳回去。更令人叫绝的是他训练蚂蚁，只要他一喊："快出来排队，上操啦！"成千上万的黑、黄蚂蚁就从小梳头油罐里爬出来，他一边撒小米，一边又喊："排好队，看齐立正！"只见混在一起的黑、黄两色蚂蚁瞬间就按各自不同的颜色排成了两列纵队，无一混杂！

小云里飞是八大怪中名气最大的，他的场子在天桥三角市场西南角。这里曾留下云里飞三代人的足迹。小云里飞名叫白宝山，是相声演员白全福的父亲。老云里飞是满族人，出生在西直门葫芦罐里，原是京戏班里的武丑，10岁开始登台。八国联军攻陷北京后，慈禧太后在逃往西安时带走了一批艺人，其中就有他。慈禧死后，国丧期间不准唱戏，戏班解散，他才来到天桥撂地。他在空中连翻两个筋斗的绝技在天桥名震一时。小云里飞继承和

北平天桥卖玻璃喇叭的

发展了老云里飞的特点，在京戏中夹杂着相声。他镶着一颗金牙，嗓音圆润，表演滑稽。表演时不但能在空中连翻两个筋斗，还能头点地，连翻四十个筋斗。他在要钱时有两个绝活儿：一是舌头伸出来，能贴在鼻梁骨上；二是把耳轮塞进耳眼里，要完了钱，耳轮再弹出来。侯宝林曾两次在这个场子里与他合作。

远东第一乐府——上海百乐门

　　19世纪中叶上海开埠后，交际舞随即进入上海，但受中国传统礼教的禁锢，三寸金莲的小脚妇女们一时还不能接受这种男妇抱在一起的游戏，因此，舞会最初只在外侨中流行，也只是非营业性的舞场。1922年，英商开设的大华饭店舞厅成为上海的第一家商业性公开舞厅。但因国人极少涉足、营业很差而于1929年停业。1932年百乐门舞厅横空出世，上海的跳舞业从此掀开了崭新的一页，上海的夜生活由此发端。

位于静安寺路（今南京路）上的百乐门舞厅

"印度手鼓的节拍，爵士乐队的音乐，曳步而舞，身体摇摆——那就是欢乐，就是生活。"这是20世纪30年代某家外国杂志对上海百乐门舞厅的情景描述，勾勒了摩登上海的雏形。

百乐门全称"百乐门大饭店舞厅"，大华饭店歇业后，被誉为"贵族区"的上海西区，一时竟没有一家高档、配套的娱乐场所。1932年，浙江南浔人顾联承独具慧眼，斥资70万两白银

1934年第2卷第1期《中国建筑》中的百乐门外景

购置毗邻静安寺的一块地皮，聘请著名建筑师杨锡镠设计，陆根记营造厂承建。大楼秉承顾联承"最高、最卓越"（Paramount Hall）的营造理念，当年动工，当年建成。

这座三层楼的西式建筑，为钢筋混凝土框架结构，底层为厨房和店面。二层大舞池有500余平方米，灯光可以自由调节，地板用汽车钢板支撑，具有很好的弹性，舞客跳舞时地板会出现倾斜或颤动，产生动感，故称弹簧地板，这也是百乐门成名的法宝之一。三层是旅馆，设有一个可供四五对舞伴跳舞的小型玻璃舞池。这个小舞池是个巨大的半圆，从大舞池的天花板上优雅地伸出来。从大舞池中央望去，宛若一个精致的玻璃果盘。因为地板是用两寸厚的玻璃铺成，玻璃底下又安装了灯光设施，人在上面起舞，自有一番飘

1934年第2卷第1期《中国建筑》中的百乐门内景

飘欲仙的感觉。楼顶设计为逐级上升的梯形结构，周围装饰霓虹灯，左右两翼又置有通贯上下的灯柱，每当夜幕降临，繁星闪烁，人在远处，也一眼可看到百乐门钢塔顶上熠熠的灯光。这钢塔，这光亮，也成了被称为"东方第一乐府"的百乐门的一个抢眼标志，展现了上海都市风情中浪漫奢靡的一个侧面。

1946年百乐门舞厅的红舞星王君丽

百乐门落成伊始，租给一个法国人经营，不设职业舞女，生意不是很好。后来调整经营方针，易人经营，又恰逢上海滩的舞业发展到了全盛时期，静安寺逐渐成了热闹地段，遂得天时地利，生意一天天火爆起来。洋行大班、军政要人、金融家、实业家、洋场小开……每到夜间，乐此不疲。张学良到上海时，常来此跳舞，也曾在这里的旅馆里会见过重要的客人。幽默大师卓别林来沪时，慕名到此跳舞，当年的报刊还刊登了他在百乐门的照片。当年的舞客陆震东曾回忆说："百乐门生意极盛的时候，客人的汽车有时要从静安寺一直停到胶州路乃至胶州路后面的常德路，路程大概有一两公里。客人的汽车会按顺序停，客人跳完舞出来，只要告诉服务生车牌号码，服务生便会打电话给管理灯塔的工作人员，通过灯塔把客人的汽车牌号打出来，司机就知道了要把车子开过去。"

百乐门首创上海娱乐业的签单制度，有一定身价的熟客可以签单消费。但一次新沙逊洋行老板沙逊来到百乐门准备签单时，因服务生不认识他而被拒绝。沙逊十分恼火，后来自己开了一家仙乐斯舞厅。

因百乐门执上海舞业牛耳，舞女们以能在这里跳舞为荣，胡枫、小王莉莉、伍问芝、夏维丹、邹梅琪等舞女相继在百乐门走红，陈曼丽更是最负艳名的红舞女。

陈曼丽，安徽芜湖人，幼时曾随父母东渡日本，1937年后回到上海。随着年龄的增长，不觉中她已长成一个亭亭玉立、秀气大方的大姑娘了。日军占领上海的孤岛时期，各种娱乐业不同程度地受到打击和影响，唯有跳舞业一枝独秀，异常繁荣。各行各业的女性纷纷涌向火山淘金，陈曼丽也是其中之一。由于她身材修长、姿态优雅，且受日本风俗影响，待人接物极为得体，又擅长京剧，曾与叶盛兰、马富禄合演过《红鸾禧》，一时声名鹊起。许多达官显贵竞相来百乐门，只为一睹其芳容。

中国实业银行总经理刘晦之相中了她，先是极力花钱吹捧，讨其欢心，后又在愚园路579弄中实新村租了一套房子与之同居，并劝她安心居家过日子。陈遂结束舞女生涯与之结婚。但婚后刘并不安分，仍时常寻花问柳，一气之下，陈离家出走，重回百乐门。

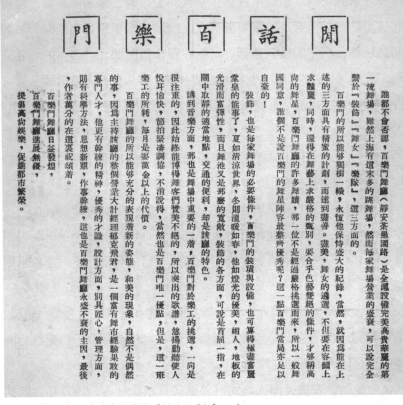

闲话百乐门

谁都不会否认，百乐门舞厅（静安寺愚园路）是全沪设备完美高贵华丽的第一流舞场，虽然上海有这末多的跳舞场，然而每家舞场营业的盛衰，可以说完全系于「装饰」「舞女」「乐队」，这三方面的。

百乐门的所以能够独树一帜，永恒他保恃盛大的纪录，当然，就因为能在上述的三方面具有精密的计划，而达到尽善。尽美，舞女的遴选，不但要在容貌上求艳丽，同时，还得在舞艺上求舞婆，那一位不是经过严格挑选而来，所以一般舞尚的舞星，百乐门舞厅的许多舞婆，要合乎色艺双绝的条件，才够称高国同意，谁个不是说百乐门的舞星阵容最整齐优秀呢？这一点百乐门当局亦足以自豪的！

装饰，也是每家舞场的必要条件，百乐门的装璜与设备，也可算得极尽富丽堂皇的能事了，夏则清凉世界，多则温暖如春，他如灯光的优美，媚人，地板的光滑而富弹性，而且舞池又是那麽的宽敞，装饰的各方面，可说是首屈一指，在阖中取静的适当地点，交通的便利，却是该厅的特色。

讲到音乐方面，那也是舞场中重要的一着，百乐门对於乐工的挑选，一向是很注重的，因此始终能博得舞客们觉美不绝的，所以奏出的歌谱，悠扬动听使人悦耳愉快，节拍紧凑调协，不消说得，当然也是百乐门唯一优点，但是，这一班乐工的所耗，每月是要万金以上的代价。

百乐门舞厅的所以能够充分的表现着新的姿态，和美的现象，自然不是偶然的事，因为主持该厅的整个营业大计营经理郁克飞君，是一个富有舞市经验果敢的专门人才，他更有幹练的精神，优秀的才识，设计方面，别具匠心，管理方面，则有科学方法，思想新颖，作事幹练，这也是百乐门舞厅永盛不衰的主因，最後，作者万分的在这里祝颂着。

百乐门舞厅日益发煌，提倡高尚娱乐，促进都市繁荣。

1940年《乐府》影舞戏专辑中的《闲话百乐门》一文

1940年2月26日晚，陈被刘姓、彭姓两位舞客招"坐台子"，位于舞厅左首近音乐台进出口处。凌晨0时50分，陈曼丽与刘、彭正在纵情谈笑，突然从音乐台左侧跃出一名西装青年，抽出手枪连发数枪，三人均中弹，陈一弹中颈，一弹中臂，一弹中腰腹。三人当即被送至海格路红十字会医院（今华山医院）抢救，陈与彭因伤势过重，不治身亡。

该案真相众说纷纭，有说是政治原因，有说是情杀。因为当时处于抗日战争期间，所以上海市民一致认为是陈曼丽拒绝为日本军官陪舞而被日本人暗杀于舞池。许多上海人自发地为这个有气节的红舞女举行了隆重追悼会。

郑州杂霸地老坟岗

新中国成立前，郑州西门外，顺河街北侧、长春路西面，有一片荆棘丛生、丘冢遍野的乱坟岗，因当时这里的地势比周边高出近10米，人们称之为"老坟岗"。初时，这里只是一片鬼魂出没、阴森荒凉的坟场，后来，随着陇海、平汉两大铁路的相继开通，郑州成为两条铁路的交会处，工商业日渐繁荣，经济日趋发达。大江南北的江湖艺人纷纷在此落脚，卖艺糊口。至民国时期这里已经成为一

民国初期，街头"拉洋片"的艺人将各种连续的画片放在木箱中，以绳系之，放下拉起，观众通过透镜观看

块名副其实的杂霸地。

20世纪二三十年代是老坟岗的鼎盛时期，有人将当年的艺人归结为金（占卜）、汉（游医）、俐子（杂耍）、疃（说唱）、风（戏曲）、马（娼妓）、恋（赌博）、绰（乞丐）等八大类，其中包括128个捻子、256个分支。这里简单介绍一下"俐子"类。

俐子是打把式、练杂技、变魔术的总称，有两种形式：一是先练后兜售药品；二是不卖任何东西，练一场收一次钱。老坟岗的俐子活儿有以下九种。

1. 尖俐子，这是一种硬功夫，如走钢丝、闹刀门、钻火圈、雨伞顶球、水火流星、吞铁球、云碗云盘等。杞县李占魁的绝活儿最令人折服，他绰号叫一撮毛，曾打出"拳打盖世豪杰，足踢天下英雄"的大旗。

2. 兴俐子，这是一种功夫，也是一种魔术，如空中取酒、吐火喷火、弹子击铛、就地拔杯等。长垣县的于明月技高一筹，他手头的活儿干净利落，滴水不漏。

3. 挂俐子，这是一种杂技和武术相互融合的技艺，通常是两个或几个人手持刀、枪、剑、鞭、棍等器械对打，但见艺人龙腾虎跃，器械上下翻飞，场面异常火炽，观众掌声连连。

4. 跟头俐，就是大家常见的耍猴，艺人多出自南阳、新野、唐河一带。铜锣响起，一只或数只猴子随艺人的口令或动作，做出各种姿态的表演。除猴之外，也有配以羊、狗、熊等其他动物的。

5. 杆子俐，即上刀山，以爬老杆为主，配以取手帕、叼红花、双凤贯耳、油锤贯顶等。河北吴桥的刀山班独占鳌头。

6. 圈俐子，即大型室内杂技，因演出场地扎着棚圈，江湖中称之为插幅子。艺人多为十几人以上，有乐队伴奏，开演前收取门票，中间不再打零钱。

7. 风嘴俐，即马戏团，以跑马卖解为主，规模大、艺人多。因

漫談鄭州（鄭州通訊）　范世勤

1948年第4期《正义》中的《漫谈郑州》一文

为是一个演出团体，马戏团每到一处必要拜门，寻求靠山，否则很难站住脚。

8. 杂嘴俐，即带有惊险场面的大型魔术，如炮打美人、大卸八块、割头换顶、铡刀劈胸、车轧活人等。这种魔术一方面要求艺人技艺高超，更要求演出团队有一定的经济实力，置办一套特殊的设备，设备的好坏直接关系到演出的成败。

9. 绺子俐，也是靠道具的一种魔术，如空中钓鱼、徒手取烟、千变扑克、礼帽炒鸡蛋等，不仅考验艺人的身手，还要求道具精良。

"疃"中的"骂大会"极具河南地方特色，起源于开封相国寺，后传入郑州。从内容上说就是在相声中夹杂着一些民间的荤话，其中自然会有些不健康的东西。郑州的老人都知道这样一句话："你骂谁？跟骂大会一样！"艺人多为父女、父子或夫妻二人，大概是因为其中有对骂，只有亲人之间才不会骂急了。如果是父母，闺女常常把爹叫鳖叫狗，爹也常常对闺女骂些不堪入耳的话。"骂大会"的开场白通常是："俗话说聋子好打岔儿，哑巴好说话！"有段"聋子打岔儿"就有这样的对白：

"二大爷！"父对儿说。

"唉！"儿对父说。

"你上哪儿？"父问儿。

"啥？贼偷你一件小布衫儿？"儿回答。

"你耳朵背？"父亲问。

"我不背，前边有警察局后边有消防队！"儿子说。

曾在老坟岗卖艺的艺人数不胜数，其中不乏旧中国江湖上的头面人物。如号称"豫东三彪"的李占魁、刘希彪和张振彪，"豫北四杰"的程建明、华留成、王大麻子、顾金龙，"豫南七将"的李干臣、皮光洲、张金玉、庞万秋、杨二皮袄、孙大妮等。在老坟岗的西一街，曾有一家大坑戏院，由周海水率领的豫剧小窝班曾在此演出，著名豫剧演员常香玉从小就在这个小窝班学戏。当年，小窝班的王牌是18个名字中都带"兰"字的演员，号称"十八兰"。其中名声最大的当数崔兰田。

鲜为人知的华乐戏院重新开幕

华乐戏院兴建于清光绪年间，坐落于北京大栅栏对面鲜鱼口胡同内，初名天乐茶园。清光绪二十七年（1901），著名梆子花旦田际云接手茶园，更名为天乐园，先后在此创办了小玉成、小吉祥、崇雅社等科班，培养了一大批戏曲人才。1920年，田际云因健康关系，将天乐园转兑给了孟秉初，改称华乐园。京剧名伶杨小楼、郝寿臣、高庆奎、尚小云、金少山、马连良、张君秋、谭富英、杨宝森、奚啸伯、言菊朋等均曾在此登台献艺。1936年富连成科班退出广和楼，长期在此演出，上座始终不衰。1942年9月18日，因近邻长春堂药店失火，华乐园后台被卷入火窟，除前面柜房外，其余均被大火吞没，富连成价值30余万元的行头、道具也化为灰烬。

现已出版的各类图书均认为华乐园从此"陷入停业状态"，直到北京解放后，该园才获得重建并更名为大众剧场。但不久前，在1943年10月15日出版的天津画报《游艺画刊》中，笔者见到了一则《华乐园重张开幕志盛》的消息，详细报道了华乐戏院重新开幕时的盛况。

华乐戏院自去年惨遭回禄（对火灾的忌讳语）后，一般人士多为之惋惜，后经菊界名流万子和等出资重建，未及一载即告竣落成。戏院内部建筑完全时代化，由昔日茶楼式之设施，一变而成宫殿形

《游艺画刊》对华乐园开幕的报道　　　　　以刊载曲艺消息著称的《游艺画刊》

之新式剧场，可谓美轮美奂！尤其是园内的灯光照明和座位之舒适，最为观众认可。

　　戏院定于1943年9月28日晚8时隆重开幕，除邀请社会各界名流参加外，还在头天的报纸上预告届时将有20余名坤伶前来剪彩。因此，当晚7时一过，鲜鱼口小桥上和周边的道路上已是车水马龙、人山人海了。但只有手持请帖的来宾才被放行入场，围得里三层外三层的观众也只能远远地看着热闹，他们都是想一睹众坤伶的庐山真面目。其中一位老赶观众还闹了笑话，硬是将一位三四十岁的中年妇女指认成了吴素秋！

　　进得园来，里面更是一片嘈杂，满面春风的园主人热情欢迎客人的招呼声，来宾之间呼朋唤友的寒暄声，客人叫茶役找座位的喊叫声，交杂在一起，好一个热闹场景！园内灯火通明，富丽堂皇，四壁琳琅满目地摆着来宾赠送的牌匾、楹联、缎幛等。满场观众早已超过了该园的额定人数1200人，情愿站票的不乏其人。

少顷，场内传来一阵悠扬的乐声，园内顿时安静下来，人们知道这就是告诉大家代表们将要登场行开幕礼了。再看乐队后面，那些准备开幕典礼的贵宾和剪彩的小姐们，也都陆续登上了舞台，有情报局的管局长、警察局的钱局长、政委会科长、《戏剧报》朱社长等，菊界闻人赵砚奎、万子和、金少山等端站在一旁。"现在要剪彩了"，这是司仪的先声。在人们望眼欲穿的期盼下，坤伶们从舞台两侧顺序登场了，她们从容镇定地站在台口。不过，让大家稍显遗憾的是，台上并没有事先预告的20多位坤伶，而只有侯玉兰、白玉薇、杨德华、李毓芳、赵燕侠和马菊文6人，其中的马菊文观众还不甚熟悉，相互小声地询问着她的名字。杨德华算是最摩登的一个，雪白的羊毛外套上嵌着一朵大红花，格外耀眼。素有"布衣坤伶"之称的侯玉兰今天也一改平日朴实的形象，衣饰相当时髦，玉臂也肯大方外露了，还破天荒地烫了波浪式的卷发，原来她是今天的主角，是领衔剪彩。她自己讲这是平生第二次剪彩。随着她的剪刀落下，五彩花纸被剪成两段，台下一阵掌声响起，舞台正式启幕。

各位贵宾的训词中句句都带着祝贺和喜庆，园主人万子和致谢词后，开幕式礼成。戏剧演出正式开始。

跳财神、跳加官的节目欢腾献过，台上的《武文华》登场，戏的主角由李桂春的徒弟张某担纲，他乃一个青年武生，但腰腿之功夫甚佳，演出很卖力。随后是一出《弓砚缘》，侯玉兰饰何玉凤，白玉薇饰张金凤，配以李德彬的安公子。侯玉兰的

京剧小生叶派创始人叶盛兰《石秀杀山》剧照

嗓音较前已见喑哑，但能应付自如，白玉薇愈显活泼，相亲之时与侯师姐极尽其开逗之能事。因为他三人均出自戏校，所以行内人称之为戏校的一场合作戏，不过大家普遍认为，他三人今天的合作，确实比在戏校时成绩猛进得多。

休息数分钟后，大轴《定军山》出场，李少春饰黄忠，与侯喜瑞的夏侯渊针锋相对，各逞其长。戏刚开场时，李少春的嗓音略显不足，稍事调整后即行恢复为宽厚明亮、韵味清淳，他文武老生的功底更是赢得全场观众阵阵喝彩，戏迷们大呼过瘾。

曲终人散时已届子夜时分，但华乐戏院门前仍站着许多没买到票却想一睹名伶风采的铁杆粉丝。

交际舞肇始于上海

    1843年上海开埠后，交际舞随着西方冒险家一并进入上海。最早的舞会只是作为正式宴会后的余兴节目，外侨们每逢节假餐饮之时，往往借酒起舞，狂欢而归。据文字记载，1850年11月，西人在上海租界举办了一场舞会，交际舞从此伴着曼妙的乐曲来到中国。1872年《申报》载《沪上西人竹枝词》描述了西人跳舞的场景："玻杯互劝酒休辞，击鼓渊渊节奏迟。入抱回身欢已极，八音筒里写相思。"

民国时期上海舞场的火爆场面

最早的交际舞纯属自娱性质的朋友聚会，并不对外售票，如20世纪初的礼查饭店每逢周末和星期天晚上都要举办交际茶舞。20世纪20年代，西藏路上的一品香旅社举办了一场大型交际茶舞，被认为是上海第一家公开性交际舞场，但还不是营业性的舞场。此后，跳舞之风开始在上海流行，营业性舞场随即出现。至20年代末，全市舞场已达33家。

上海最早的营业性舞场当数西蒙路上的巴黎饭店跳舞场——黑猫舞场，时尚的上海人开始走进舞场。安乐宫、巴黎、桃花宫、月宫等舞场先后开设。为了招徕顾客，许多大饭店也以开设舞场为噱头。初时的舞女多由本国人担任，后来由于舞场渐多，外国舞女供不应求，因此以伴舞为业的舞女应运而生。当时的舞厅营业时间通常是从下午5时至午夜12时。但为了多做生意，往往从下午1时就开始营业了。下午1时到5时这段时间，被称为"交际茶舞"时间，票价相对便宜一些，来的多是普通舞女和小职员、学生等舞客。

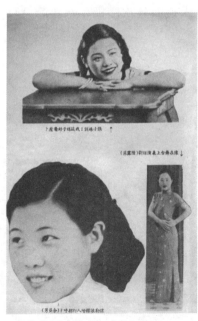

？庄菊对子媚媚戏；谈瑛小张 ↑

《吴露娜》剑往演来上台舞点像 ↓

《芳吴金》？守超打八号郁谈彩像

1935年第5期《舞伴》中的舞星

20世纪30年代初，上海舞场进入全盛时期，灯红酒绿的舞场将上海的夜生活装点得多姿多彩，但自1934年开始走入低谷。据《风月画报》记载，1936年1月，沪上舞场之多甲于全国，大小不下百余家，且直接以跳舞为生的女子更在三四千人。沪战前，各舞场营业均有盈余，但至"一·二八"后，市面愈形不振，加之小型舞场日渐增多。是以各大舞场为图存计，不得不以减价来号召舞客，如大东、扬子、维也纳、圣爱娜、新华、老大华各舞场，皆于1934年夏先后将原来的一元三跳的舞券，溢价为一元五跳；国际、大陆、好友、丽都等舞场，则是改为一元六跳；1935年夏在马浪路、道德里后新张的巴黎舞场自开业之日起，即定价为一元五跳，且茶资要比其他舞场低廉，故而颇得舞客青睐，隆盛一时。至于小型舞榭，如逍遥、胜利、爵禄等更是降到了一元十跳，卡尔登则是令人瞠目的一元十五跳。但大沪、大都会、百乐门等大型舞场仍坚守着一元三跳，以示它们的高档身价和与众不同。北四川路除舞场外，尚有专为水兵而设的酒吧间，其间的

上海大都会舞厅内景

女侍以白俄姑娘居多，也是个个舞技超群。通常酒吧间内放置一个收音机，播放各种舞曲，如顾客一时兴起，也可拥女侍跳上一曲。但这种酒吧间以营业酒水为业，从不售卖舞票。女侍的收入一是顾客给予的小费，二是暗操副业的度资。如果顾客看上哪个女侍，即可携女侍登楼而上，在酒吧间预置的香屋内一度春风，所费代价三四元而已。

全面抗战爆发后，地近郊区的黑猫、圣爱娜舞场先后歇业，而市区繁华地段则先后建成一座座豪华宽敞、设备先进的高级舞场：静安寺附近的百乐门舞场，以装有弹簧地板和玻璃舞池、舞女众多而取胜，有远东最高乐府的称誉；英商沙逊建造的仙乐舞宫，则将古典风格和现代气派融为一体。百乐门、仙乐与大都会、丽都时称上海舞场的"四大金刚"。以西藏路沿线为轴线，连带南京路及其支

路，形成了上海的中央娱乐区，集中了上海70%的舞场。从南京路到延安路的西藏路沿线，短短数百米距离，就有高峰、远东、爵禄、逍遥、大新、锅台、米高梅、维也纳等8家舞厅，因此西藏路又被称为"舞场路"。而外滩、四川北路、淮海路、静安寺一带则是次中心娱乐区，二者各有特色、互为补充。上海的舞场呈现一片畸形繁荣，舞厅和各类有跳舞设备的酒吧间、咖啡馆、餐馆等遍布全市。

据1939年上海《大观园》统计，当年上海舞场中西同业，共计34家。华懋、礼查、派利、密司登等，纯粹西洋作风，旅沪侨商、高等华人，前往周旋；次推丽都、国泰、国际、璇宫、大东、扬子、逍遥、新老大华等，适合国人脾胃；老大华之全夜照会，营业通宵，更投夜游神所好。搂之抱之，足之蹈之，不知东方之既白！朱葆三路，舞场街也。望衡对宇，各家中外通商，一律招待外舰水兵，专供"海怪"们陆地行舟，恣情极乐。酗酒闹事，时有所闻。全武行合串打舞场，果属健儿拿手好戏！

抗战胜利后，国民党大小官员、美国士兵麇集沪上，上海舞场再次进入黄金时期。据1946年12月的统计，全市专门舞厅在历经变迁后尚存29家。1947年后国民党政府因内战失利，为了整饬军纪，鼓舞士气，发布公告，限令国内的舞场全部停业，却不对舞女的生活职业做任何安排。而当时的舞场，除个别红舞女外，众多的舞女都是为生活所迫才抛头露面，这些收入微薄的舞女家庭负担都较重，在经济崩溃的形势下，这无异于将舞女及舞场就业人员和他们的家属推到死路上去，因此舞女们联合起来，于1947年1月31日派出代表向上海市社会局局长吴开先进行交涉，吴开先吩咐军警拦住舞女，双方发生冲突，结果造成震惊全国的舞女风潮。事后，禁舞令被迫取消，大小舞厅照常开业。至解放前夕，上海舞场共有100多家，舞场之多，在各大城市首屈一指。

除夕夜游北平舞场

　　20世纪20年代，风行欧美的爵士乐和舞会开始传入北京，在东长安街的使馆区和位于这一带的涉外高档饭店最早出现。当时的外国人开办的饭店，如长安街上法国人开办的北京饭店和外国使馆区内的六国饭店均设舞场。随后，为了吸引更多的中外旅客和社会名流，涉外的中式饭店也仿效西人开设了舞场，更有公园里的一些高档茶馆也出现了舞场。但舞场里的男男女女搂搂抱抱，却被一些保

1930年11月的北平中国饭店舞场

守分子认作有伤风化、破坏了男女授受不亲的旧礼教。1933年7月，北平市长袁良先生也下令禁舞，但舞场却是越禁越多。

1937年春节前夕，天津《风月画报》的创办人姚惜云、主编魏病侠、撰稿人志厚，约请天津的票友陆敬伯、许佛罗等5人，一起到北平观光。除夕夜，他们相约巡礼故都舞场，以搜集素材，为《风月画报》撰稿。

是夜11时许，他们5人租了一辆汽车共同来到东安饭店里的白宫舞场。适值该场"新春同乐大舞会"活动的最后一天，舞客极其踊跃，全场告满。他们在舞厅的角落勉强找了一个栖身之地。坐定后，粗略地检阅了一下在场的舞女：她们个个奇装异服，争奇斗艳。其中华籍20余名，俄籍六七人，日籍二三人，朝鲜舞女亦在10人以上，共40余名。数量虽不算很多，但国籍竟占了4个，也称得上带有异国风情的国际化舞场了。

乐队的乐师一律是俄籍，十几个人分作两队，比起天津的菲律宾鹿皮摇滚乐队、俄国的罗曼爵士乐队和美国的阿比杜乐队要略逊一筹，不仅演艺欠精，而且也许是连日的劳碌，让他们个个无精打采、毫无生机地应付着差事，没有激情地演奏自然很难激发舞客潜在的舞兴。这也使得5位来自天津的舞客顿生"好乐不好听、好舞不好跳"之感。

舞场布置尚属精致，陈设、装点富丽堂皇，优于津门舞场，只是因为舞客爆满，舞池略显狭小了些。因为是除夕夜，舞客们舞兴极浓，纷纷下池起舞。只见双双舞侣，翩翩往返，履屦相接，肩背互摩，因此，舞池里多如过江之鲫，众只可相拥私语，不可施展舞技。这倒给了南郭先生们一个难得的可乘之机，以往不敢登场献丑的舞客竟然大肆出动，因为他们只需抱着舞女在那里做原地踏步即可，根本无法检验舞技的优劣。

子时一过，新春伊始。舞场特意安排了三场舞技表演，以为大家助兴。第一场是该场舞师表演的水兵舞，第二场是俄籍舞女的裸体舞，第三场是由上海刚刚来平的舞星安琪表演的古典俄宫艳舞。其中第二场尤得舞客欢迎，掌声、欢呼声最为热烈。一是舞技超群，二是身体的肉感部分暴露无遗，春色满池，引人入胜，所有舞客无不翘首呆视，心驰神往。

表演结束后，随着乐曲的再次响起，舞客们又找到各自的舞伴继续起舞。他们几个也不禁舞兴即起，先后入池，凌晨2时多离去

1948年，南京国立戏剧专科学校学生在校园跳交谊舞

时，舞场中仍有众多舞客乐此不疲，乐不思蜀。

从白宫舞场出来，走在大街上呼吸着新鲜的空气，才感觉到舞场里空气的污浊。路过华安饭店时，他们又被阵阵华尔兹乐曲声吸引，循声走进饭店，眼前是一家日本人开设的金扇舞场。出于好奇，他们举步进门一探究竟。这家舞场算是比较小型的，舞池局促，方圆不过五六丈之阔，仅有三人组成的乐队有一架钢琴、一把小提琴、一支铜笛。由于空间太过窄小，乐队竟被置于半空之中，也算是舞场的一个特色吧。七八名舞女俱属韩籍，姿色欠佳，舞技更是不敢恭维。也许是时已届天亮，场内舞客寥寥。他们中的志厚选了一名舞女跳了四曲，其中三曲竟是他二人的独舞，座中其他两名舞客似已无力再舞，只是枯坐着作壁上观。志厚在独舞中虽能酣畅淋漓地尽情施展舞技，但终觉索然无味而悻悻告退。

归途中，他们向汽车司机打听北平的舞业现状。司机说，除了这两家舞场外，还有中西和三星两家舞场，但因舞女均为俄籍，西人和华籍舞客绝少涉足。听到此，他们觉得已没有必要再去探访了，大家径自回到惠中饭店。因为一天的劳顿，进得房间，倒头便睡，马上就进入了黑甜香梦。

第二天，志厚就写了一篇题为"故都舞场巡礼——记白宫、金扇之行"的文章，发表在了《风月画报》上。

五花八门的舞业广告

　　"软玉在抱，温香满怀，倚着、拥着、偎着、搂着，又是多么开心，多么惬意啊！她们穿着蝉翼般的纱衫，露着羊脂般的肌肉，乳峰耸峙，曲线隐约，荑荑纤手，握在掌中，花样容颜，蜜样媚笑，粉腻脂香。她的桃腮杏靥紧贴着你的面颊，神经怎样不兴奋！血流怎样不加速！春心怎样不荡漾！山头火焰终必爆发，青春火焰难免燎原！"这是1936年《风月画报》为舞场做的广告，相信男人们看后都会有亲身体验一下的冲动。

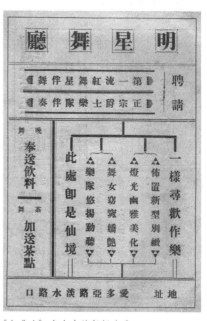

《咖啡味》杂志中的舞场广告

　　20世纪30年代，中国跳舞业进入全盛时期，各报纸杂志刊载的五花八门的舞场开业、舞女驿动的舞业广告，以及民国时期老画报特辟的舞业消息、火山漫谈、弹性圈、火山碎锦等纪实报道舞业动态的专栏，对舞业起到了推波助澜的作用。可以肯定地说，当年造

民国时期的画报常把舞场称作"火山"和"酒排间"

成"名媛、闺秀、校花、明星，齐下舞池"的盛大场面，各报纸杂志功不可没。

当年各个娱乐小报的记者经常出入各大小舞场，打探舞场逸事、舞女绯闻，他们不仅免费享用着舞场里提供的各种服务，而且舞场老板、当红舞女还要赔着笑脸小心侍候，因为他们的文章不见得能让舞场兴隆、舞女走红，但却可以让舞场不开张、舞女吃汤团。

为了保持舞客对舞女的新鲜感，舞女经常在香港、上海、天津、青岛等几座大城市间轮转，在一座城市内的各舞场间不定期轮换。当一个舞女从一座城市来到另一座城市，或是一个舞女从一家舞厅转到另一家舞厅，通常要请记者做一些广告。小报记者宣传舞女一般以描述她容貌、身材、微笑、眼神、舞技等方面的文字为主。如1936年7月，一个名叫姚妃妃的舞女从天津来到上海大新舞厅，一个月后，一家上海娱乐画报就以《大新舞星姚妃妃舞艺是像冰淇淋》为题，很好地为她做了一个别开生面的广告："有一天，我的隔壁一桌正在大谈特谈姚妃妃的舞艺。一个穿洋装的说着：'妃妃的舞艺不错，很轻松的，如吃 CO CO Nuts。''不对，贴着身体，似像吃浜咯，又软又香。''都不对的，而且你们都批评得不合。''你说说看。'众口一词地问着穿中装的那位舞迷。只见他很郑重地开口说：'照我目光中体会起来，确是一杯奶油冰淇淋。''哈哈！'一阵笑声打断了他的妙论。但他等着他们笑声一停又说道：

'你们不要好笑，我的理由很充足，待我说出来后，自然你们认同我的话是对的。与妃妃跳舞，轻滑早在诸位口中评定了。但是，特点你们还是没有提出，可曾觉得搂在怀里舞时，如吃冰淇淋一直冷到心脾，通身爽快，而且适应时景呢？'"

也有舞女直截了当地为自己做广告。如1936年时天津大华饭店舞场有一个名叫林玲的舞女，每当有舞客跟她跳舞时，她都会自我介绍说，过去自己的职业是拍影戏的。舞客问她主演过什么电影，她说，我叫林玲，《花烛之夜》的主角啊！当第二天这个舞客再跟她跳舞时，她又说，我要进天一公司拍戏去了，已和邵邨人谈过了。接下来就开始绘声绘色地描述与哪位影星的私交，得到哪位导演的赏识。最后还要神秘地透露绝密消息，下周我就进电影公司了！你要想与我跳舞，这几天就抓紧来吧！但两个月后，当这位舞客再度来到这家舞厅时，却见她仍在这里伴舞。舞客这才明白，原来她是把"拍影戏"当成招揽生意的广告了。

一家舞场开业前照例也要请新闻媒体做一番广告宣传，有在报纸刊登开业预告的，有在画报上登载舞场图片的，更有一些实力雄厚的舞场，请一些记者为其写一些深度报道。1936年9月，《春色图画半月刊》以《大新舞场巡礼》为题全面、具体地报道了舞场的堂皇、舞女的阵容和乐队的曼妙：

亚尔培路花园舞厅才开不

1936年初，天津金船舞场舞星合影

舞星、影星梁赛珠生活照

久，而大新公司的大新舞场也将开幕了。大新舞场的地点，因为在大沪与大东、国际之间，为了生意着想，大新舞场也应有一点新噱头。大新的五楼，地方是很开阔的，因此，除了当中的舞场以外，四面更有中餐间、西餐间。中餐间一律都是淡蓝色的，西餐间则都是乳黄色的，舞场墙壁一律都用钢骨，顶上装置冷气管。

大新舞场另有几个噱头：一是舞场音乐队已聘请从前逸园舞厅的黑人音乐队，全队有十几个人。音乐台经过最新式打样师打样，非常瑰丽堂皇。二是全舞场的灯光，决定不用普通红、蓝、紫的霓虹灯，这种灯在上海还是第一次看见，如使灯光一开，全舞场都变作金色，在灯光装置上，的确是很特殊的。三是，所有西崽，以前都是在大来轮船上做过的，所以，都受过特殊训练，在舞场里，他们都预备穿海军上将式的制服，所以看上去很庄严堂皇。四是舞场三面都有沙发房间，这个是专门供给一般情侣们坐的。

舞场装修费一共有10万元，在这什么都不景气的年头，而有人居然肯投资10万元，开设一个舞场，可以相信上海是有一般人，终天只是在消费场中过日子的。舞场舞女总数为120人，当然包括中外各色舞女，至于这些舞女由哪一个舞场转来的，现在不便宣布。

有了这样的一则广告，据说，大新舞场开业前的一个小时，门前就已经是车水马龙了。

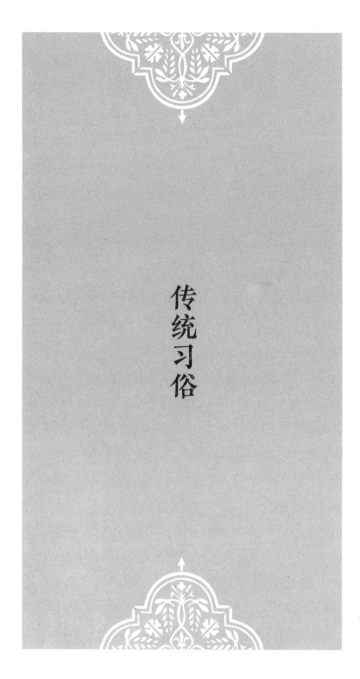

传统习俗

中国传统文化的瑰宝——粤讴

粤讴，又称越讴，发端于清康熙年间，盛行在清咸丰时期，曾在广东地区风靡一时。初为以广州土语写成的情歌，有"中国民歌中的精品"之誉，后逐渐演变成一种说唱艺术，由单纯的情歌扩展至同情民苦、针砭时弊的内容。著名作家许地山曾在1922年撰文《粤讴在文学上底地位》，充分肯定了它的文学价值；胡适也在为顾颉刚《吴歌甲集》所作的序言中称"粤语文学以粤讴为中心"。

《粤讴》与《再粤讴》

粤讴之所以能够流传至今，清代出版的《粤讴》和《再粤讴》这两种汇集百余首粤讴曲词的专著功不可没。

据《朔风（北京）》1938年第1期中《粤讴》一文称，当时作者谭锋曾在北京图书馆找到三个版本的《粤讴》，第一种是出版于道光戊子年（1828）的写刊本，第二种是光绪二十九年（1903）广州守经堂出版的校刊本，第三种是1924年出版的《新粤讴解心》，三书内容大致相同，作者均署名"清招子庸"。

"粤讴不是很古的古董，是近百年来招子庸创作底。招子庸生平无从稽考。所知底是他底别号叫明珊，在清道光年间做过山东青州府知府。他底第一本创作，冠名《越讴》，在道光八年（1828年）出版于广州西关澄天阁，内容共计120余首。后来写这种韵文底人越多，越讴便成了一种公名，甚或将书内的第一篇《解心事》来做招子庸那本的名字——叫《招子庸解心事》。"这段文字出自著名作家许地山刊发于1922年第3卷第3期《民铎》中的《粤讴在文学上底地位》一文。

这两段文字对《粤讴》有了一个大致的描述。但也有学者对招子庸是否粤讴的创始人、是否《粤讴》的创作者提出了疑义。

广东著名文史学者袁洪铭曾在1937年第1卷第2期《民俗》的《粤讴与招子庸》一文中，提出了自己的不同看法。石道人（黄培英，字香石，广东香山县人）曾在该书的序言中写道："戊子之秋，八月既望，蟋蟀在户，凉风振帏，明珊居士（即招子庸）惠然诣我，诮然不乐曰：此秋声也，增人恻怛，请为吾子解之……居士乃出所录，曼声长哦，其音悲以柔，其词婉而挚。"由此看来，招子庸只是《粤讴》的辑录者。瓣香居士的题词为"多情谱出烟花记，慧即才人侠即仙；拈来一管生花笔，写尽闲情与艳情"和"清歌一曲杜韦娘，醉拂春风满袖香；为间几人能顾曲，至今犹艳说周郎"。最后两句也告诉世人，招子庸只是粤讴的鉴赏者而非作者。

1935年第1卷第1期《粤风》中的《从招子庸谈到粤讴》则称，

1937年第1卷第2期《民俗》所收袁洪铭《粤讴与招子庸》一文中引用胡适对粤讴的评价

在招子庸之前，其实广东早就有了粤讴，他的《吊秋喜》虽然影响颇大，传播甚广，也不过是模仿前人的作品而成。况且在《粤讴》中可以找到很多题材相似、内容雷同的作品，如有了《相思索》，跟着又有《相思结》《相思缆》《相思树》《相思病》等。此外，《粤讴》中的前后作品从主题思想到创作技巧差距极大，可以判断，后面的一些作品是后人补充进去的。

《从招子庸谈到粤讴》的《吊秋喜》曲词

因此，与其称招子庸为创始人，不如称他为一个倡导者；与其称他是《粤讴》的作者，不如称他为《粤讴》的编选者。

据1935年第1卷第5期《粤风》中《关于〈再粤讴〉及其作者》一文记载，《再粤讴》于清光绪二十七年（1901）出版，其著者署名为"戏月山房香迷子"辑。查阅《岭南琐记》可知，此人名叫黄慕陶，香迷子为其别号，其生平已无从查考。序言对该书评价甚高："情文兼至，雅俗共赏，虽不能愈于白雪阳春，亦足配以秦筝赵瑟。"

《再粤讴》主要描写的是妓女生活，如《青楼恨》《羞愧草》等。当年正值珠江花事兴盛之时，每至华灯初上，达官贵人、风流名士多冶游花国，左拥右抱，快活取乐。但他们哪里知道怀中的神女们，却是当面笑、背地哭，谁又能知道包裹着绮罗的身体上布满了鞭痕。只有这本同情她们的《再粤讴》，为她们写照，为她们呼吁。正是这本流行于坊间的小册子引起了官方的注意，据说，张之洞督粤时，曾一度因此而禁娼，让妓女们脱离苦海，择良而配。

招子庸其人其事

提起粤讴，人们自然会联想起传奇人物招子庸，著名作家郑振铎在《中国俗文学史》中也曾这样写道："《粤讴》为招子庸所作，只有一卷，而好词如珠；而不懂粤语者读之，也为之神移……其最早的大胆的从事于把民歌输入文学的工作者……在道光间仅有招子庸而已。"那么，招子庸到底是何许人也？

招子庸，字铭山，号明珊居士，广东南海横沙村人，约生于乾隆末年（1795）。旧时的横沙不过是距离广州市十来里的一个小村落，村后靠着山，村东对着水，水边种着一排排的水松，山上是百数年的森林。村子被荔枝、龙眼、榕、松、柳、竹等环绕，远远望去，像是一座茂盛的丛林。就是这个绿树掩映下极普通的小山村却诞生了一位极富才情的艺术家招子庸。

招子庸自幼聪颖过人，通诗文，好音乐，善琵琶，长书画。当年的横沙村人极为尊崇有功名的人，其父招茂章就是一个读

1935年第12卷第23期《国闻周报》中的《招明珊的粤讴》一文

书人。招子庸自然也就脱不了窠臼，20岁时师从张维屏问道学诗，清嘉庆二十一年（1816）得中举人。招氏家族引为光荣，其父写下一副对联："漫夸年少登科，须味古人言不幸；纵使春闱得意，应知吾辈责弥深。"希望他抱有远大志向，日后更上一层楼。而此时的招子庸却与友人冯询、邱梦旗等六七人，放浪于珠江画舫中，以南音和疍家歌调为基础创作粤讴，同辈文人亦竞相仿效，粤讴遂盛行一时。张维屏评谓："粤讴以铭山所制为最佳。"

学而优则仕，招子庸以大挑一等资格，选任知县，分发山东。清道光十四年（1834）任朝城知县，冯询的弟子冯芬为其幕僚。冯询专程赶来，以《送招铭山大令子庸之官朝城诗》为贺："东山偶作风尘吏，南人生有幽燕气；短衣匹马慷慨行，读书杀贼男作事。兵刑钱谷问不知，手擒巨盗千里驰。旁人不识鲁邑宰，见君错认并州儿。曳绂依然名士服，喜时画兰怒画竹；风流为政今在兹，知君善造平安福。"诗中不仅赞美了招子庸善骑射、擒巨盗的英勇，也记述了他在绘画方面的特长。

道光十五年（1835），招卸任朝城时，因其造福一方，乡民以袍伞相送。十六年（1836）改署临朐县事，适值天灾，百姓饥馑，招遂筹款4000元赈济，复开仓放谷2500石，减价平粜，百姓得以温饱。秋收时，他又在乡绅的支持下买谷6000石充实仓储。法良意美，众尤称之。十七年（1837）潍县乡民马刚起而作乱，招奉命征缴，单骑深入敌营，尽得敌军虚实而还。收复叛军后，他遂调任潍县知县。他勤勉执政，爱民如子，时常下乡体察民情，随从不过数人，不饮民间一勺水，颂声大作。十九年（1839）适有鲍聪因触犯国法而逃至潍县境内。正值清廷与洋人在贸易上发生争斗，洋人飞扬跋扈，气焰嚣张。鲍聪因精通外国语言，在谈判中竟充当敌国翻译，助纣为虐。清廷骇异，指为汉奸，究所由来，曾寓潍县，招遂以收纳逃犯而被革职。二十三年（1843）他一度欲捐复原职，但未获成功。此时冯询已赴江西任职，因招之弟招子怀在冯手下充任会计，故冯得知招之遭遇，遥寄诗歌相劝："及见君家人，语已见家函；至欲为赀郎，复职朝洗惭。嗟乎我铭山，此意非奇男；英雄能发轫，亦复能收帆。请君看镜中，衰鬓垂参参。"

招子庸精通音律，"寻常邪许，入于耳即会于心，蹋地能知其节拍"。他又擅长书画，与顺德温汝遂常作珠江饮友，招善画蟹，温善画竹，时人有诗为证："老辈风流总不羁，芳名都播翠袖知，温郎墨竹招郎蟹，长使群花拜画师。"招的真迹存留甚少，当年每件都要卖到数百元，因之赝品甚多，一只假冒的蟹也要值两三块钱，难怪时人感叹："这真是一蟹不如一蟹，真蟹不如假蟹喽！"1928年，招的一幅最大作品还保存在横沙村大宗祠内，每至元宵佳节，祠人都要取出公开展览。画为竹与石，是招为大宗祠补壁而作，画阔六七尺，长十来尺。

官场失意后的招子庸遂寄情诗画，创作收集粤讴，以抒愤懑。他创作的《吊秋喜》就是他的代表作。据说，为了给家人一个交代，他不得不到北京参加会试，在广州珠江上结识的妓女冯秋喜。秋喜原是才女，能诗善画，为兄所卖，沦落北里。他二人一见钟情，盘桓两三月。无奈，会试日近，招只得启程。行前一晚，二人私订终身，相约招应试后即来迎娶。然而，秋喜当时欠人钱债，招一去，债主催讨。秋喜被逼不过，跳江溺亡。招回归后，闻听噩耗，悲痛欲绝。于是，创作出弦歌万户的名作《吊秋喜》，以为纪念（一说，其实秋喜并没有死，因其欠债，老鸨将其婚配抵债，招子庸来寻，遂谎称其已自尽）。

招子庸一是受此刺激一蹶不振，二是思念秋喜寻求安慰，遂终日耽溺于烟花柳巷，靠绘画和变卖家当为生，过着放荡不羁的生活。但他仍具旧文人的风骨，晚年时只为青楼女子绘画，也有一些官府政要、巨商富贾向他求画，无论对方开价多高，他都一概拒绝。因此，一些人为求得他的画作，只能求助妓女周转获得。

道光二十六年十二月十六日（1847年2月1日），招子庸在家乡病逝。他在濒死的最后日子里，患有严重的神经衰弱症，整天在迷惘中过活，已经成为一个似疯非疯似痴非痴的人了。

内容丰富　形式多样

早期的粤讴融合南音与岭南旧有民歌而成，仅为一些描写妓女生活和心绪苦闷的抒情民歌。歌词皆为地道的广州方言，清明如话，通俗易懂，很少掺入士大夫阶级的文字。叙事抒情却委婉而有层次，质朴而不鄙俚，细腻而不纤巧，虽出自读书人的手笔，却依然保持着民间的趣味。其情致之沉挚，意境之深远，实有出神入化之妙。《捡心》便是粤讴的一首代表作，流传至今，广为传唱。

世间虽揾（寻找之意）一条心，得你一条心事，我死亦要追寻。一面试佢（他）真心，一面防到佢噏（骗）。试到果实真情，正好共佢酌斟。噏吓，噏吓，噏到我地心灵，个个都防到薄行。就俾佢真心来待我，我都要试佢两三句。我想人客万千，真吓（的）都有（却两横，意为没有）一分。个的（那些）真情撇散，重（还）惨怜大海捞针。况且你会揾真心，人地亦都会揾，真心人客，你话（说）够几个人分？细想缘分，各自相投，唔到你着紧。安一吓本心，各有前因，你都切勿羡人。

粤讴的优美词句俯拾即是，如《楼头月》中有"楼头月，挂在画栏边，月呀做乜（什么），你照人离别，偏要自己团圆"之句，《无情曲》中的"无情曲，对不住君歌，绿波春水奈愁何，好鸟有心怜悯我，替我声声啼唤：舍不得哥哥"。可以说每一个字都充满了热烈的情感，都是纯粹性灵的流露，其不受拘束的声韵远胜于严格的诗词。

粤讴的内容可分为四类：一是儿女情长类，如《解心事》《潇湘雁》等；二是烟花女伤情类，如《留客》等；三是借物抒怀类，如《灯哦》等；四是文学修养类，如《录解心事》等。早期粤讴均为一人独唱，20世纪30年代后也有对唱。伴奏乐器初为琵琶与檀板组合，进入民国后多用铜线琴（亦名扬琴）和以檀板，配以二胡。其艺术手法与当时的诗歌差不多，都是借物抒情，多为象征的描写。1904年，时任香港总督的英人金文泰，曾将《粤讴》译成英文传播欧洲，序言对粤讴做了详细解读。

当时的东方诗还没有希腊诗的拟人法。以恋爱为例，西方人常把它描写成一个长着翅膀的天使，执着弓箭向那些色男色女的心发射，或写成一个顽皮的女孩、酒保、赌徒等，而在中国，这种拟人法是找不着的。中国的旧诗里有赋、比、兴的手法，粤讴的体裁则多为兴体，章法极其自由，极其流动。没有严格的平仄限制，甚至一韵一层也不甚严格，押韵的方法多是一句平韵，一句仄韵，或两句平间一句仄、两句仄间一句平，但这些都没有固定的格式，只随作者的好恶而定。用典也不避俗，凡街头巷尾语或通俗小说中的流行语均可采用。在每一首末尾，常有叹词"唉""罢略""呀"或代名词呼格"君呀""郎呀"，等等。

粤讴后期的作品更注重社会教育意义和针砭时弊的作用，一方面苦口婆心地劝告青年们不要沉溺于声色，另一方面站在平民的立场上，同情他们悲惨的遭遇。在体裁上也有所改变，如《唔好大话》两首，改用一问一答的形式，《义女情男》却是一篇很长的故事诗，这是早期的粤讴中所没有的。而一首名为《果名》的粤讴，则巧妙地将广东的水果名串烧起来，兼具一定的文字技巧。

影响巨大 意义深远

清末后，粤讴因遭到上层社会的歧视而一度沉寂。20世纪20年

著名作家许地山在《民铎》上发表的《粤讴在文学上底地位》一文

代后，先是许地山的《粤讴在文学上底地位》，使粤讴登上大雅之堂，让一些没有到过广州的人也能领略到粤讴的风韵。随后，胡适、郑振铎、胡怀琛等均撰文推介。胡适在为顾颉刚《吴歌甲集》所作的序言中称："中国和声的方言已经产生了三种方言文学：第一是北京话，第二是苏州话（吴语），第三是广州话（粤语）……粤语文学以粤讴为中心，起于民间而仿作于文人，百余年来在韵文方面可算是很有成绩的。"粤讴在民间文学中的地位随即确立。此后，《申报》的"自由谈"专栏和《小说世界》权威报刊，以及《北新》《大风（香港）》《民间文学》《民俗》等地方刊物紧随其后，广泛宣传。粤讴遂得以重整旗鼓，再次在广东唱响。

香港总督金文泰先把《粤讴》译成英文，定名《广州情歌》传到欧洲，让粤讴与希伯来民歌同具不朽价值。嗣后，葡萄牙人庇山把它译成该国文字，日本学者也把它译成日文，粤讴遂享誉国际。

粤讴在形式上虽与诗词相类，但因它的通俗易懂又具有诗词所做不到的方面，一是推行识字运动的好工具，二是促进民众教育的好教材。无论你是学识渊博的学者抑或目不识丁的文盲，无论你是达官贵人还是贩夫走卒，只要一唱起粤讴就会驱散烦恼，心情舒畅。一些大字不识的人初时爱听，听后遂会学，唱会便想拿起《粤讴》让别人教他读，随即激起人们的识字热情。据说，当年某富人家有一个女佣，

1928年第19/20期《民俗》杂志刊登的粤讴《人心死》等

就是因为粤讴唱得好，女主人教她读《粤讴》，后来她竟能给异乡的家人写信了。养成社会恶习绝非一朝一夕，彻底去除亦非易事。长者的谆谆教诲，忠言逆耳，未必能够奏效。粤讴的唱词则潜移默化地影响着唱者，让他在唱词中领悟道理，反省自己，改正流弊。

著名文献学家冼玉清在《粤讴与晚清政治》一文中充分肯定了粤讴的社会价值和艺术价值："粤讴的社会价值，即在于能反映当时现实的生活斗争，成为时代的史诗。而它的艺术价值，即在于它以生动活泼的语言，浅显形象的比喻，跌宕悠扬的声调，表达了人们的生活和斗争。"

遗憾的是，"文革"后传承了近200年的粤讴濒于失传，会唱粤讴的人更是凤毛麟角。可喜的是，2018年11月，广州市白云区公布的新一批区级非物质文化遗产项目名单，粤讴赫然在列。这无疑会促进粤讴的挖掘、保护与传承，更让沉寂多年的粤讴重新走进人们的生活。相信在国家和地方政府的扶持下，这一中国传统文化的瑰宝定会发扬光大，历久不衰。

轰轰烈烈的放足运动

　　清光绪二十四年（1898）农历三月二十四，宝复礼、丁家立创办天足会天津分会，提倡去除妇女缠足的陋习。由此，拉开了天津妇女为期数十年的放足运动。

清末时期，缠足的女子

《益世报（天津版）》1929年11月26日

天足会虽然成立了，但具体实施时却遇到了两大阻力。一是因久缠之足，一经解放，难复原状，且益增痛苦；二是因缠足历史悠久，男子娶妻以小脚为荣，甚至非小脚女子不娶。在这种陋习的影响下，一些想放足的妇女一想到自己的婚姻大事，一想到如果不是三寸金莲就嫁不出去，她们就退却了。甚至一些女学生已经放足，离开学校后，面临婚姻的压力，又不得不将脚缠了起来。缠足的不肯轻易解放，长辈偷着给幼女缠足的现象仍较普遍。

对于官方，虽说这是一项不用经费巨款且简而易行的活动，但天津各县陋习相沿、置若罔闻者大有人在，以致省政府的命令、省议员的提案均流为一纸空文，天足运动初期竟出现有其名而无其实的局面。从1912年至1928年，民国政府对于男子剪发、女子放足的法令措辞逐步升级，从"劝诫""劝禁"到"禁止""禁令"。

1928年2月1日，由天津市妇女协会、教育局、公安局、特一区公署、特二区公署、特三区公署、社会局等七个机关，承市

《大公报（天津）》
1920年1月9日

政府命令共同组织放足会。该会决心在三个月内，把天津市10余万缠足的妇女从黑暗的苦海中拯救出来，一起走在光明的大路上。

该会的《天津市妇女放足会宣言》，对当时天津妇女缠足的情况做了一个基本调查。时天津有妇女499936人，缠足妇女约占三分之一，计145832人。她们的生活状况是，"生活艰难的，免不了要忍着痛、耐着苦，拼命地工作。那种可悲可悯的情形，说也不胜其说。至于那家计充裕些的，她们的生活要算人类中最奇怪也没有的了：对妆台、施脂粉，是她们每日的工作；竞妍媸、包细足，是她们唯一的技能。被男子玩弄，博男子的欢心，此外别无希望。只图衣食的饱暖、性欲的满足，此外更无需求。她们不读书、不识字，无异聋子。她们没有职业、不劳力，反而足食丰衣；不出户门，闺房以外无世界；不晓世事，吃喝以外注少工夫。人家穿长大而很卫生的袜儿，她

《益世报（天津版）》1929年2月21日

们还是包着一双腐败不堪的臭裹脚；人家穿着长大而且很便利的鞋子，她们还穿上一双短小窄狭的臭套鞋；人家自由自在在外面行走，多么快活，她们像死囚般在黑暗中过日子，还不自知"。

该会还从医学健康的角度提出，缠足女子的一双脚完全变形，筋挛骨折，气血不和，就如同足部患了残疾。足部的穴位甚多，直接作用人体的各个部位，足部的血脉不通，更会导致身体其他的病症。民间更有"小脚一双，眼泪一缸"的说法，说明了缠足的痛苦和对人体的残酷迫害。"过去，男人们让妇女缠足，是把女人作为一

种男人的附属品，只能在家里侍候男人，不能享受外面的世界和美好的生活。如今，男女平等了，女同胞们，我们也要上学堂，也要工作，也要独立，我们也要靠我们的双手创造一片新天地。比如，护士、纺织、服务员等职业，都很适合一般的妇女。我们有了知识，也同样可以做教员、作诗画图、研究科学。让男人们看看吧，我们并不比他们差，他们能做到的，我们也能！"

民国时期的女学生

　　该会制订了宣传、调查、检查、统计等四步工作计划。印制电影画、木牌画、竹布画、标语画、白话浅说、通俗歌曲等宣传材料，通过布告、演讲等形式达到家喻户晓、妇孺皆知。该会通过口头考试的形式，选定了16位演讲员，深入社区、街道甚至市民家中，委婉真诚地宣讲缠足之害、天足之优。放足会会员制作包括姓名、年龄、籍贯、职业、住址、包脚否、读书否、生育否、有无疾病及家长情况的调查表，由妇女协会派员挨家挨户地分发。调查表填写完毕后，统一汇交放足会。会员每次工作所得结果，汇集填写统计表，以做日后工作研讨之用。

放足会还制定了《天津特别市妇女放足会检查缠足妇女条例》。《条例》规定整个检查工作分为三期：4月1日至4月底为第一期；7月1日至7月底为第二期；10月1日至10月底为第三期。第一期内如有不肯放足者，检查员须切实开导；第二、三期仍不肯放足者，则需课以适当罚金。具体罚金额度：5岁以上12岁以下者，罚其家长或保护人，初罚6元，再罚12元；12岁以上18岁以下者，初罚4元，再罚8元；18岁以上30岁以下者，初罚2元，再罚4元。如家属、家长、丈夫或其他人阻拦放足，视情节轻重，处50元至100元罚金。被处罚者，由公安局、各区公署随时张贴门首，以昭炯戒。所处罚金，一部分充作放足会经费，一部分作为女子小学办学经费。为鼓励警士参加检查，罚金的一半奖给警士。但在现实工作中，真正处罚的人却不多，大多以口头劝诫、耐心引导为主。

新文化运动后，妇女解放、男女平等的思想日益深入人心。人们的审美观发生了根本改变，高跟鞋、水晶鞋风靡华夏，裸腿露足的自然美得到崇尚，穿着时尚的摩登女郎受到追捧，缠足陋习逐渐丧失了市场。

老天津卫吃晃虾的讲究

晃虾是天津著名的水产品之一，初春之际，产于渤海湾浅海处，具有鲜、美、香、甜的四大特点，人称晃虾的"四绝"。但因其兼具"四绝"的时间极短，如昙花一现，遂俗称晃虾。正因为如此，老天津卫的吃货们才在吃晃虾时有了很多讲究。1944年第26卷第8期、第9期《三六九画报》连载的戴愚庵《晃虾在天津》一文，详细介

1943年第6期《三六九画报》中的《天津的吃》一文

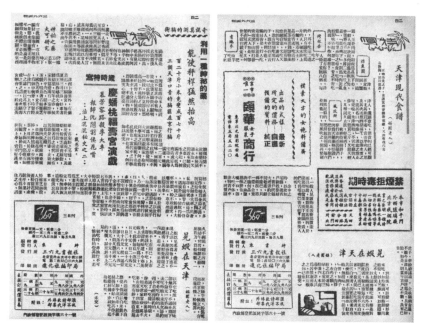

1944 年第 9 期《三六九画报》中《晃虾在天津》

绍了老天津卫吃晃虾的各种讲究。

为什么吃晃虾要有讲究，就是因为晃虾"四绝"中最易消失的甜。

当年，晃虾上市的头一天是每斤为32元，此后每天一落价，直线下跌：30元、24元、20元、18元、16元。16元稍微停留两天，即大跌至6元。6元再一逗留，则又翻回到8元、9元、10元、12元。前面下跌是因为晃虾的甜味与日俱减，后面的涨价是因为晃虾越来越少，以至消失，来年再见。

吃刚一上市的晃虾，非以香油炸着吃不可，因为唯有油炸始觉其甜。若是其他吃法，则其甜味无存。有人说，为了吃晃虾用20多块钱一斤的香油来炸，未免太奢侈了。可是，当年能够吃得起晃虾的人非富即贵，他们是用不着考虑节约问题的。过了"吃甜"的时期，晃虾炒着吃最佳。炒必定要用爆火，即天津卫的家常炒。万不可采用山东的炒法，因为当年山东菜馆都是用文火炒菜，简直就是熬。再往后，晃虾就得烩着吃了，烩出来的虾仁色白味美，让人垂涎欲滴。但食客们一定要注意，烩虾仁一定要配白米饭，最好是小站稻。如果遇到天旱没有白米，以银丝卷儿代替白米饭也算将就。如果您做不起银丝卷儿，那就不要吃烩晃虾了。到了最后，晃虾不要说甜，就连鲜美也谈不上了。那么就要给它变一变形象，如炸虾圆、炸虾饼、川虾腐等做法。

以上这几种吃法，都是针对白皮晃虾而言的。此外，还有一种红皮晃虾。它虽也叫晃虾，但却与白皮晃虾有着天壤之别。红皮晃虾刚一上市时是每斤6元，后则二三元是常态。它没有甜的味道，鲜美也不及白皮晃虾，有人称之为"穷人美"晃虾，但也不是一般穷人家享受得起的。红皮晃虾不仅价钱略低，而且更宜于做馅，如烙盒子、煎肉饼、包饺子、蒸包子，等等，其味道较之白皮晃虾反觉味道更加醇厚。老天津人最爱用红皮晃虾做三鲜馅和木樨汤。在当年的大杂院中，一家做三鲜馅，满院子都是诱人的香气。

吃广东荔枝要在行

俗话说"吃在广东"。广东人最讲究吃，不仅粤菜制作精良，而且挑选食材的方法最奇特。一般来说，他们挑选食材有三道秘诀：一是最难看的东西最美味；二是最毒的东西最好吃；三是名字好听的东西反而最不好吃。1948年第4期《华侨工商导报》"广东工商掌故"专栏中的《吃广东荔枝要在行》一文，在破解了这三道秘诀的

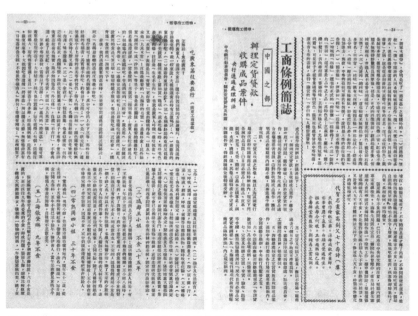

1948年第4期《华侨工商导报》中的《吃广东荔枝要在行》一文

传统习俗

同时，还翔实地介绍了当年广东荔枝的三个等级。

为什么说最难看的最美味呢？这里举例说明：譬如买"鸡项"（就是牝鸡）时，那些毛色最好看的鸡，往往是只生毛不生肉，也就是广东人常说的"最唔抵食"。又如水蟹，它的外表要比膏蟹更漂亮，但煮熟了吃到嘴里，才晓得是"一肚水"，不免让人连呼上其大当。而最难看的上海崇明毛蟹，个小、青背、白肚、黄毛，其貌不扬，但却壳薄、肉细、味香，是蟹中上品。此外，如果您要买潮州柑或沙田柚之类的果子，也是要挑选果皮臃肿、最难看的才最好吃。倘若果皮滑溜溜的，那一定是酸的。

1946年第23期《海星》中的《广东人的吃蛇》

最毒的东西最好吃，专指广东人最爱吃的蛇。广东人食蛇是最出名的，吃蛇的行家都知道越毒的蛇越好吃。广东最著名的"三蛇会"，就是用饭铲头、金角带和过树容三种毒蛇做原料。民国初期，唐继尧在广州助孙中山先生护法，初时，听说广州的食品堪称全国巨擘，他总不服气。品尝一般酒馆里的各种荤素佳肴时，他更是连连摇头，等到吃过"三蛇会"后，他才竖起大拇指，挥毫写下"食在广州"四个大字。

挑选广东荔枝时，食客们一定要牢记第三个秘诀。广东荔枝的品种繁多、名称多样，约略可分为上、中、下三等。最下等的就是名字最好听的，计有三种：一为状元红，是市上最劣等的货色，俗称"山林"，颜色鲜红无比，但食时又酸又涩；二是妃子笑，名字极为动听，让人联想到皇上身边漂亮爱妃的诱人笑靥，但这种荔枝壳青、核大、肉薄，味道酸涩；三是金钗子，貌似黑叶荔枝，也略似怀枝荔枝，但肉近核处有红衣，肉削味酸。清代文学家袁枚（字子才）来粤时，曾诋毁广东荔枝有名无实。有知情人透露，其实是因为他是外江佬，挑选荔枝自然不在行，他吃的只是名字好听

1931年第57期《良友》中的《荔枝之研究》

的状元红、金钗子等劣等货色，所以食后才感觉"上其当"了！

广东的中等荔枝当推以下四种：一是惠州的将军荔，可算是广东最巨型的荔枝了，体大如橘子，核大如蚕茧，每斤只有六七个，体和核虽大，但果肉丰满，肥嫩爽脆。当年苏东坡来粤时，就是吃的这种将军荔，食后上瘾，诗里才有"日啖荔枝三百颗，不辞长作岭南人"之名句。他的另外两句诗"丞相祠堂下，将军林树劳"，可以证明他当年吃的正是将军荔。二是西樵的怀枝，对于"怀"字，有人因不明其来历而误写作"槐"。这里面其实有一个典故，明朝尚书湛甘泉（字若水）因在福建枫亭吃到这种荔枝，遂如获至宝地怀揣果核回到广州，分植于南海西樵，因此得名"尚书怀"。这种荔枝的特色是细核多浆，模样有几分像糯米糍荔枝，不过皮稍薄而色带微青，红处也不像糯米糍荔枝那么鲜艳浑厚罢了。据说，经太平天国战争的洗礼，纯正的西樵怀枝只留下了两株。故而，"尚书怀"一时成为世上稀有之物，普通人根本吃不到。后来市上所售"尚书怀"，多为假冒伪劣

1909年第110期《图画日报》图文再现了冬夜里的广东馆

的货色，鱼龙混杂、砂石乱玉罢了。三是罗冈的"桂味"，与糯米糍荔枝不相伯仲，均以核小肉多著称，"桂味"所差者偶有大核者，而糯米糍一律皆为小核。从食味上分辨，"桂味"较清爽而糯米糍较腻。最后，再把市上销售最多的"黑叶"荔枝加进来，那么，中等荔枝总共有四种。

广东最上等的荔枝也有三种：一是糯米糍，虽为上等，但在广东的市上与"桂味"一样普遍，算不得稀奇之物；二是增城的"挂绿"，数量较少，与纯正的"尚书怀"一样稀缺难得；三是新兴的"香核"，可算是上品中的绝品了，其特色是芝麻核、兰花味、体小如龙目，但肉嫩而甘甜，香胜"桂味"，且无"糯米糍"之腻，推为冠军，当之无愧。

如今70余载过去了，聪明的广东人又研制出众多荔枝优良新品，丰富壮大了荔枝家族。清代著名吃货袁枚因运气差只吃到了劣等货色，北宋文豪苏东坡也只尝过中等味道，而幸运的我们可以尽情享受最美味的广东荔枝。

老上海的广东点心业

　　广东点心是我国最负盛名的面点之一，以品种众多、制作精良而著称。虽然广东点心的原料极为简单，但它的制作工艺精湛复杂，甚至达到烦琐的程度。因此，其成品如马拉糕、萝卜糕、芋头糕、蜂窝糕、椰子雪花糕等，色香味美，更如工艺品般精致。广东的点心业不仅历史悠久，而且广东的前辈很早就将它推广至全国各地。1947年革新号第14期《沪光》杂志中的《谈广东点心业》一文，记述了当年在上海的广东点心业的兴衰。

　　虽然广东点心只是一种简单的食品，但其花色品种却很多，也

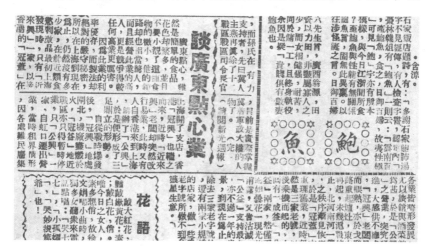

1947年革新号第14期《沪光》中的《谈广东点心业》一文

不要小瞧这种食品，其销路在当年的上海相当惊人，利润极为丰厚，占领着上海点心业的将近半壁江山，因此在沪粤籍点心商之间的竞争尤其激烈。

广东点心的原料寻常，但制作方法却极复杂，制作工艺是各家绝对严守的商业秘密。这或许也是广东点心业在上海一直没有多少家的原因之一吧。最早出现在上海的广东点心商号是"近来兴"，时间约在民国初期。至20世纪20年代，香港（时隶属广东）的"冠盖"先在上海开了支店，"冠兴"亦步亦趋，紧随其后。全面抗战爆发前夕，"近来兴"的老板突然改行易业，全身而退。于是，香港的"公兴"乘虚而入，入驻上海。"冠盖""冠兴""公兴"遂形成三足鼎立之势。

1937年全面抗战爆发后，因"冠兴"地处闸北，被日机轰炸而化为乌有。"冠盖"地近战区，也只得暂告歇业。只有"公兴"因自虹口迁入租界经营而安然无恙，一枝独秀的"公兴"自然生意火炽，

1943年3月《日本》画报的制造点心场景

收入甚丰。随着战事的发展，上海有钱有势的上层社会人士均麇集租界，以求庇护。为此，租界各业遂出现畸形繁荣的现象，尤以旅馆业与菜馆业为最甚。"公兴"之营业突飞猛进，店铺门前顾客竞日排队争购，一时供不应求。"冠兴"的老板见此商机，岂肯轻易错过，遂在戈登路重起炉灶，东山再起。嗣后，沪战停止，北河、南河一带之秩序稍渐恢复，"冠盖"亦看准时机，重整人马，再理旧业。上海滩的广

1923 年第 5 卷第 10 期《儿童世界》中的吃点心图画

东点心业再次三分天下。稍后，在上海也有粤商开办的"成益""公益"两家点心商号，拾遗补阙地制作一些小点心，意在上海点心业分一杯羹，但终因规模过小、竞争乏力而如昙花一现，光芒甫露，迅告枯灭，艰难支撑不过一年，遂相继关张。

1945 年 8 月，上海虽然迎来了抗战的胜利，但内战再起，战乱频仍，物价飞涨，物资匮乏，民不聊生，"公兴""冠兴""冠盖"在既相互竞争又相互依存的状态下苦苦挣扎，艰难生存。1949 年终于迎来了上海解放，三家商号从此获得新生。

中国传统节日中的逐瘟驱疫民俗

"借问瘟君欲何往，纸船明烛照天烧"，此为毛泽东主席在1958年所作《七律二首·送瘟神》中的诗句，表达了他在得知人民群众消灭血吸虫病后的喜悦心情。"烧王船"是闽南一带较为悠久的民俗，2006年被列入省级非物质文化遗产保护名录。旧时，每届农历十月二十，闽南地区百姓都要在早上7时举办烧王船活动，活动分为三个部分，即造王船、迎王船和烧王船，其间，伴有舞龙、舞狮、杂技、地方芗戏表演等。旨在送走瘟神，祈求风调雨顺，也包含了百姓对于平安幸福生活的向往。

旧时，因为医学不够发达，百姓在瘟疫面前几乎束手无策，因此，他们便在各个节日依据动植物生长规律逐瘟驱疫。笔者查阅清末民国时期数十种报刊，梳理出中国传统节日流行在民间的各种驱疫防疫之法，其中虽不乏迷信因素，但走百病、踏青、赛龙舟、登高等提高人体免疫力的健身运动，饮药酒、插艾蒿、悬桑根等清瘟、祛湿、解毒的中医避疫方法，大扫除、制蚊烟、喷雄黄等讲究个人卫生、改善环境卫生的做法，对于今天的防疫工作不无裨益。

古人有过年饮屠苏酒以避疫之说。荆楚岁时，正月初一，长幼以次拜贺，进屠苏酒。小者先饮，因小者长岁，最应以酒庆贺，而后按年龄从小到大依次饮之。对于屠苏有四种说法：一说为一种草名，王褒诗"绣角画屠苏"，说的就是这种草；二说作屋名，此屋房上画有屠苏草，故名其屋曰屠苏，杜甫诗"走置锦屠苏"即指这种屋子；三说为酒名，古人居屠苏屋以酿酒，又作酴酥，初一饮之，避不正之气；四说指一种屠苏酒的药方，具有益气温阳、祛风散寒、避除疫疠之邪的功效。唐医药学家孙思邈曾论及此：屠苏酒，避疫，令人不染瘟病及伤寒，其方为：大黄15铢，白术、桂心各18铢，桔梗、蜀椒各15铢，乌头6铢，菝葜12铢。此七味，咬咀后，以绛色袋盛，除夕日悬沉井中，令至泥上。至初一平晓之时，出药置酒中，煎至数次沸腾。盛入碗中，于朝东房中饮之。屠苏酒之饮，先从小起，多少不限，连饮三早。一人饮一家皆无疫，一人饮一里之内均无疫。饮罢，将药滓置于井中，能饮一年。无论家内家外有井，皆可置滓，以避瘟气。每年如此，世代无病。

"正旦辟恶酒，新年长命杯，柏叶随铭至，椒花遂颂来。"北周诗人庾信的这首诗，记录了当时过年时饮椒柏酒的情景。此酒以椒花、柏叶浸泡而成，具有祛除百病、益气养精的作用，据说人们饮

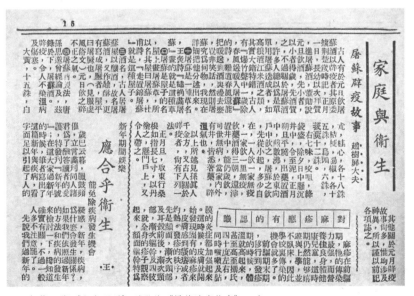

1939年第15期《立言画刊》刊登的《屠苏辟疫故事》一文

此酒后，身体强健，一年之内不会染有疫病。

古人在春节避疫，还有一种方法，即大年初一清晨，取草药东行桑根，如指长，约七寸，涂以丹红色，悬门户上，或令人戴之。不但自己无病，而且他人有病，可断瘟病，亦不相染。

正月十五元宵节是正月里的最后一个节日，也是春节的尾巴，人们一定要在这天狂欢一回。正所谓"银花火树几相承，拥挤冲衢竞看灯，金吾不禁庆升平，处处灯光半光明"。正月十六日，居家妇女有走百病之举。午饭后，她们成群结队，盛装出游，逛马路，串亲戚，走桥渡危、登城、摸钉求子、游公园，直到午夜始归，筋疲力尽亦所不顾。走百病又称游百病，德州妇女登上南城门，走到大寺阁，俗谚："爬爬城，不腰疼。"鄄城谓之跑百令，有谚："跑一跑，不见老。""新正节始过元宵，结队城头跑老猫，为乞一年百无病，艾香争把石人烧"，此为《潍县志稿》中的一首《潍县竹枝词》。潍县的妇女到东北城上真武祠进香，先于暗中摩弄真武大帝陪神赵玄坛所跨之木虎，俗称"老猫"。摸了老猫，就能一年不生疾病。另

1935年第16期《大众画报》中的年俗艺术

在神祠庭前以艾灸左右两个石人——石老、石婆，即可一年不生疔疮。

旧时天津还有祭星之俗，时间为正月初八、十八、二十八。所祭之星，即为男怕罗睺，女怕计都。祭星时，晚上不许见星光，点红纸捻灯，蘸香油燃着，至星光退去，始行出房。意在祈福一年身体健康，平安顺遂。

清明节是祭祖扫墓的节日，一是表示后人的孝道，二是寄托对先人的哀思，明代诗人留下"白下有山皆绕郭，清明无客不思家"的诗句。时值春暖花开之时，嫩雨初晴、空气清新、阳光和煦、芳草鲜美，桃花舒于两岸，柳色茂于郭外。为此，全国各地均有郊外踏青（春游）的民俗，历代沿袭不衰，"三月三日气象新，长安水边多丽人"，杜甫《丽人行》中之句，即是描写古都长安清明踏青时的景象。踏青可使人心胸开阔、精神愉悦，促进新陈代谢，改善血液循环，有着强身健体之功效。

在广东一带，清明节还有插柳和买扇的习俗。当日，长辈早早地就把孩子们喊起，让他们到柳树上采一些青翠的嫩枝，插于门首。据说，清明前后，阴气过重，利于瘟疫流行，为防止瘟疫进入，故家家插柳以为抵御。清明前一天，各家的妇人们均要到市上买清明扇，此扇以油纸和竹篾粘成，大者小者不一而足，名曰"油纸扇"。清明祭祖归来之时，街上妇人个个手执此扇，鱼贯而返，临至家门，必用此扇向门口挥上几挥，意为将一年之内所有疫病妖邪一扫而空。

端午节是中国的四大节日之一，是融祈福消灾、欢庆娱乐和饮食文化为一体的民俗大节。南方的赛龙舟、采草药、洗草药水、放纸鸢等活动均有强身健体、迎祥纳福、辟邪除灾之意。在北方，除了吃粽子、饮雄黄酒外，人们一定还要用苍术、白芷制成蚊烟，喷洒雄黄酒。因为夏天一到，湿气渐重，时疫流行，所以，如同腊月二十四一样，各家都要借此做一次大扫除。腊月二十四是清除后半

《好孩子》画报中的端午节赛龙舟风俗画

年的污秽，端午则是扫除前半年的脏物。房子清扫一新后，还要用蚊烟消毒，插艾蒿，悬钟馗像，表示驱除疫鬼，祈盼平安健康。

赏月、吃月饼是中秋佳节的主题，但湖广一带也有燃灯以助月色的风俗，以瓦片叠塔，于塔上燃灯。江南一带则有制灯船的习俗，各家于节前十数日，以竹条扎成各种形状，糊上色彩缤纷的纸张，上书各种鸟兽字样，内燃火烛，系于高杆，竖于瓦檐或露台，以驱逐疫病等不吉之物，俗称"树中秋"或"竖中秋"。

我国的重阳节是在旧历九月初九，时值"清气上扬，浊气下沉"之时，于是，人们便要"重阳登高享清气"，以达心旷神怡、祛除瘟疫的目的，有登高祈福、秋游赏菊、佩插茱萸、拜神祭祖及饮宴祈寿等习俗。南方有放纸鸢、放疫气的风俗，北京则有把菊花枝叶贴于门窗上，"解除凶秽，以招吉祥"的习俗，均寄托着人们驱赶疫气、避除灾难、健康长寿的美好愿望。

由于医学条件所限，旧时人们对于疫情唯以驱逐、防范为主。

去其糟粕，取其精华，传统文化中一些积极健康的思想，对今天的我们同样具有借鉴意义。对于今天的突发疫情，我们痛定思痛，防疫胜于治疫，营造一个良好的生存环境，拥有一种健康的生活方式，保持一个乐观向上的阳光心态，坚持一项锻炼身体的体育活动，强身健体、增强免疫能力，对于今后的防疫工作甚为重要。

旧天津的夜市

　　1931年11月天津事变后，日租界一片萧条。1932年3月，为繁荣市面，租界当局在整条旭街（今金街）添设夜市，下令各商户于晚间来此摆摊设点，每摊供给一盏电灯，收取5元月租。夜市于4月1日晚6时开街，密布的摊贩多达百余家。当年夏日溽热难耐，憋闷的市民大多走出家门来夜市闲逛。摊贩的吆喝声，游人的嘈杂声，

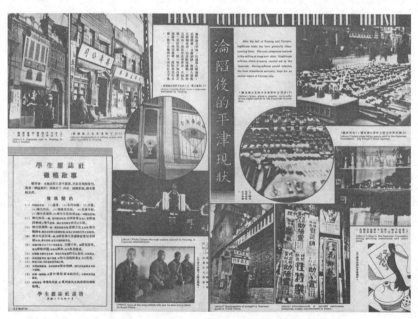

1938年第1卷第8期《东方画刊》中天津沦陷时期夜市中的烟具摊

1935年第92期《拒毒月刊》中的天津夜市

电车的脚铃声，交织成一首夜市交响曲，寂寥已久的旭街一变而为闹市。

租界当局对售卖货品不加限制，烟灯、烟枪等各种烟具公开出售。更令爱国人士不能容忍的是，这里竟成为日本货的倾销场，玩具、衣料、皮鞋、日用品、水果、驱蚊烟、樟脑球等，多为日本货。另有一些花红柳绿的妓女穿梭于人群之中，与游人眉目传情、打情骂俏，招徕生意。抗日杀奸团曾于1932年、1933年两度在夜市中投放炸弹，炸死两名妇人。为此，租界当局实行夜间戒严，市民视此为畏途，日租界夜市遂告终结。

1933年春，天津工商界领袖、地方士绅也曾开会商议繁荣华界对策，向天津商会、市政府递交增设夜市呈文，但未获批准。1934年3月，天津商会再次呈文市政府始获核准。于是，当年先后在特二区、特三区和南市开办了三处夜市。

特二区夜市初设于该界河沿街，北自东浮桥口起，南至三马路口止。因政策优待，门槛低，摊贩也有百余家。此前，河沿是市民的最好乘凉去处，但自设立夜市后，却是大煞风景，嘈杂喧嚣更使附近住户叫苦不迭。在他们的一再抗议下，夜市遂移至电车道上。此夜市初时尚有一些正经生意，后来竟演变成一个赌场，打彩、抄彩、对彩比比皆是，大批赌客如赶庙会般地涌来，赌风盛极一时。后随着社会影响恶劣，民愤极大，警方遂下令禁止。

特三区夜市因地处偏僻，附近商店、住宅亦少，故而即如毗邻的意租界一样，最为冷清萧条。该区当局将摊贩的摊位租费、捐税一律豁免后，摊贩虽然也有增加，但无奈游客稀少，遑论生意？摊贩生意不好，在一片叫苦声中纷纷抽身而退。

南市夜市最为广阔，从南市牌坊至天一坊饭庄为东段，从南关大桥至大舞台东为西段。因南市素有"繁荣"的娱乐业、赌博业和妓院生意做支撑，故而这里的夜市也是盛极一时，为津门夜市中生意最佳者。

老天津夜市以货品廉价为号召，布料、杂货、日用品、零食一应俱全。因适应于一般市民需求，如公司下班的小职员、劳作一整天的工人、白日操持家务的妇人们，都要来夜市逛逛。但大家都知道，夜市均有"货不真而价不实"的特点，所以闲逛的多掏钱的少。1937年抗战全面爆发后天津夜市遂告结束，至1949年新中国成立前，天津再无夜市。

谁把祭灶的日期提前一天

"二十三，糖瓜粘"，这是华北各地流行的一句时令语。腊月二十三是祭灶的日子，拿糖瓜向灶门上涂抹一下，好让灶王的嘴被粘住，上天后，不会把这家人一年的坏事说给玉皇大帝。但考之于古，祭灶的日子旧时却是腊月二十四。

南宋诗人范成大有一首《祭灶词》曰："古传腊月二十四，灶君

1937年第22期《语美画刊》中的《祭灶》

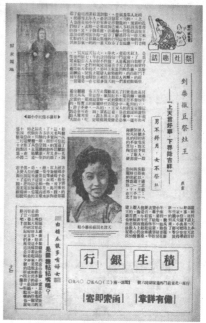

1935年第3卷第11期《北晨画刊》中的《祭灶》

1944年第5卷第2期《新光杂志》中的"祭灶趣话"

朝天欲言事；云车风马小留连，家有杯盘丰典祀。猪头烂热双鱼鲜，豆沙甘松粉饵团；男儿酌献女儿避，酹君烧钱灶君喜。婢子斗争君莫闻，猫犬角秽君莫嗔；送君醉饱登天门，杓长杓短勿复云，乞取市利归来分。"还有南宋周密的《武林旧事》、吴自牧的《梦粱录》，以及清人顾铁清的《清嘉录》，均记载为二十四日祭灶。而明代刘若愚的《芜史》也称，宫眷内臣，腊月二十四日后，穿葫芦补子。可见明朝时北方祭灶仍未改期。

我国类似这样的民俗根深蒂固，若想改动日期，是件极不容易的事。比如国民政府曾于1930年明令废除春节，推行多年，但仍以失败告终。那么，谁有如此大的力量，居然把祭灶的日期提前一天呢？有待于进一步考证。

放爆竹忆旧

近几年，随着大气污染日益加重，过年放不放爆竹成了人们议论的话题。我们不妨重温一下旧时文人笔下的放爆竹。

1934年春节，善写随笔的江寄萍在《北洋画报》撰文《爆竹闲话》称，爆竹在功用上是一种废物，但每逢新春，人多喜放之，是因其可破除岑寂，带来喜庆。犹记因了1931年底的"天津事变"，1932年春节禁炮，违者坐牢。人皆不敢燃放，除夕夜仅一两爆竹声远远

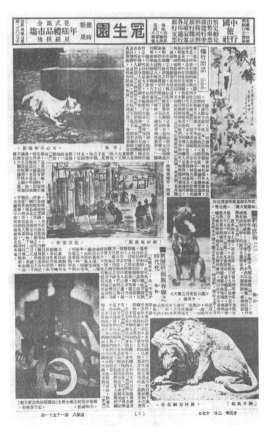

1934年第22卷第1051期《北洋画报》中的《爆竹闲话》一文

1934 年第 22 卷第 1051 期《北洋画报》中的《新年忆旧录》一文

1934 年第 26 期《中华》画报中的年俗展览会

传来，全市一片寂寥，空气异常惨淡，年味淡了许多。当年的爆竹种类并不多，最普通的是麻雷子和二踢脚。麻雷子只是一响便罢，且声音沉着，感觉略显单调，不如二踢脚"咚""哒"地有缭绕的余音。前者以力胜，后者以情胜，实可比肩而称霸爆竹界。周作人先生在《爆竹》一文里写道："空中丝丝火花，点点的赤光，或是砰訇的声音，是很可以享乐的，然而中国人却是没有东西。他是耳无闻、目无见的，只在那里机械地举行祭神的仪式罢了。"这里"空中丝丝火花"想必指的便是二踢脚了。还有一种有趣味的就是黄烟带炮，小孩子有自己的燃放方式，每爱用黄烟在墙上画个大王八或写"我是儿子"之类的字，等黄烟冒尽远远地一抛，只听"啪"的一声。

竹心在《新年忆旧录》中记述了他儿时的放炮经历。

见人燃放爆竹，他便俯拾未尽燃者，得数枚，药线犹半存，竟以手握之，登堂上桌，就香炉燃之，砰然作响，香倒灰起，满面皆灰，右手作创，疼痛至极，失声大号。稍长，见厨丁蒸年糕、馒头，蒸汽弥漫满屋，他便取圆形仿圈，跃登桌上，疾速抛圈，中厨丁头，口念"看我乾坤圈"。即飞跃而下，取小爆竹，登高燃抛之，高喊"看我掌心雷"！

金羽人的《新春闲话》一文，列举了两件当年燃放爆竹制造的惨案：北大关外保安大队附近有一家爆竹厂，因工人不慎，明火燃着火药发生爆炸，几个在场的工人非死即伤；英租界墙子河外有一人家，靠卖柴火度日，一只燃着的爆竹从天而降，落在草垛上燃起了大火，柴草瞬间化为灰烬。幸有消防队及时赶到，才未殃及房舍。当时，日军已经侵占东北而虎视华北。他说，在春节的爆竹声中，送走了灶王爷、财神爷，但送不走在中国上空盘旋的日军飞机。1933年曾有人做过统计，全中国在爆竹上的消耗约计千万元以上，可惜这些资财在空中白白地烟消云散了。倘使聚集全国各地燃放爆竹的消耗，为在前线抗日的军队添置高射炮，至少可以买上几百座；为强壮空军添置飞机，也能买上几十架。有了飞机和高射炮，日军的飞机还能恣意进犯我国的领空吗？

老广东的春节文化

　　1936年第2卷第1期《粤风》中刊登了署名"希三"的《广东新年文学》一文，记述了20世纪30年代前老广东丰富多彩的春节文化。

　　爆竹的声音把新春的消息带来了，老广东的春节文化也便闪亮开场了。广东的春节文化通常从除夕起，至正月十六止。其内容大致可分为三方面：歌谣、春联和挥春。

　　除夕是一年中最值得纪念的一天，过去的均已过去，未来正在人们期盼中走来。于是，人们都为着美好的未来而去"行大运"。所谓"行大运"，便是在除夕夜12时以后，全家人一齐出发到外面兜圈子。据说，兜得越远，来年的运气越好，生活就会焕然一新、蒸

1936年第2卷第1期《粤风》中《广东新年文学》一文

蒸日上。

"行大运"中的人们一定做两件事：卖傻和卖懒。他们一面走着，一面教小孩子们唱卖傻歌和卖懒歌。卖傻歌为："卖傻去，买精归，卖左（了字之意）傻仔过新年，吃左茶馆好耕田。耕去边（何处之意）？耕去老鸦佛仔山。"卖懒歌是："卖懒，卖懒，卖到年三十晚。"

广东人崇尚聪明和智慧。他们认定傻子甚于败子，败子尚有回头的希望，而傻子却绝对没有

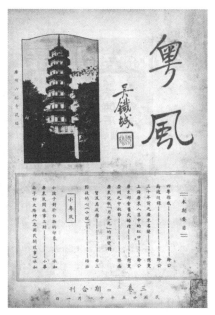

1936年第3卷第3—4期《粤风》封面

任何机会。在广东人的俗语中有"败子回头金不换""宁生败家仔，莫生蠢钝儿"等。为此，要想日后"行大运"，非得要把傻气卖掉不可。广东人追求聪明，但聪明的人大多懒惰，这也是当年广东人最普遍的病根。因此，要想明年有丰硕的成果，也得在这一天把"懒根"卖掉。

贺年炮仗响起后，在"恭喜发财"声中，广东人还要唱拜神歌："点着灯，拜灵神，保佑爹爹赚大银。赚到大银起大屋，年年买个大花灯。花灯团团转，番鬼扒宠船。扒得快，好世界，谷米又平，仔女又快大，娶埋心抱（媳妇）嫁拉拉（最小的女儿）。"唱罢了拜神歌，便是贺歌："贺歌啊，贺起新年新又新，年年添个大花灯。灯带又长拖落地，落地开花满金银。大个番嚟（回来之意）攞（讨之意）晏（饭之意）食，细个番嚟攞奶吃。背脊又揹手又拖呀，明年弟弟做哥哥呀。"

广东人在新春还有各种各样的歌谣，在这些歌谣里也能发现，

1929年第48期《图画京报》中旅沪粤侨新春舞狮盛况

小孩子与成年人对于新春的希望各有不同：小孩子的希望依次是聪明、勤力，爹爹赚大钱；成年人唯一的希望就是添丁进口。

贺歌原是贺灯歌，照例是得子的人家才在新春中悬挂花灯，以示喜庆。于是，道士们便迎合喜事人家的心理，大干他们的投机生意。集合几个同道，手托神像，来到挂灯的人家。进门先在神座前行祝祷礼，然后高唱贺歌。贺歌演毕，他们便将桌上敬神的生果和赏钱一扫而光，扬长而去。

春联旧时原是文人的把戏，后因其浅近大众而进入寻常百姓人家。譬如广州的天然居茶楼的"客上天然居，居然天上客"；祠堂边门的"虽然分门别户，究竟一脉同源"；厕所的"到此自然称有干，出门便复是闲人""入门三步急，出外一身松"；公园的"又是一年芳草绿，依然十里杏花红"；等等。广东人最尊重文武全才、十全十美之人，倘若你在新春里不能挥一两笔春联，哪怕你别的本领再大，也不免给人说声"不学无术"。于是，一般不能自己创作联语的人，也要把"爆竹一声除旧，桃符万户更新"之类现成的对联贴在自家大门上，争个面子。

挥春，按《岭南琐记》上讲，源出于春帖子。春帖子原是一篇规谏的文章，意在趁新春之机，省察一下自己，以期来年做得更好。可算是广东人的新春座右铭。后来才转变到了用红纸写挥春，形式也变成了标语化，内容则多为吉祥话了。

挥春的结构简单，内容通俗，便给一般人的自由创作提供了空间。每至新春，广东各家各户随处个性化的挥春。例如，家庭里的"万事胜意""老少平安"，走廊门旁的"出入亨通"，后门处的"好事后来"，楼梯上的"步步高升"，等等。这些还是惯常的作品，广东人利用他们的聪明才智，不断地创作出形形色色的新作品。如某家在两面墙壁上，一面写一个"成"字，一面写一个"就"字，当中还另有一条也只写两个字："财"字横写，"利"字竖写。让人看起来，感觉一头雾水，莫名其妙。经主人解释才会理解其中奥妙："成"字贴在东墙，叫作"东成"；"就"字贴在西墙，叫作"西就"；当中横写"财"字，要念作"横财"，竖写"利"字要读作"顺利"。

1936 年第 1 期《逸经》中的广东舞狮图

每年春节，广东人都会创作出许多文化作品，给生活带来喜庆、安慰、兴奋和激励，鼓舞着人们在新的一年里打起精神，开拓进取，开辟更美好的新天地，实现新春的梦想。

旧时文人过年关

1936年2月6日《天津商报画刊》中刊登了李小霞的《春节记事》一文，记述了民国一个穷文人的除夕经历，文字间虽有些夸张，但反映了下层社会的艰难生活。

对于下层社会来说，春节即为年关，更是春劫。刚进腊月，外面的账单雪片般飞来，于是，全家开了一个临时家庭会议。会议议决：债主对女人碍于面子，不会苛责，倘有债主上门，概由女主人接待。

一清早"啪啪"的敲门声就开始了。女主人正在四壁糊满隔年报纸的卧房、客厅兼书房里发愁。这间屋子原是一处马棚，故不算小，为此，她常对友人吹嘘说自己有一间"大书房"。她急忙喊着"来了，来了，谁呀"跑了出来。"米庄的。"门外答道。她开了门小心问道："我们还欠多少？有清单吗？""白面一元，小米八角，前欠一元一，共二元九，清单早就送来了！""好，年下给啊。""今天已经大年三十了！""啊？今天就是除夕了！那么，下午给吧！"来人无奈地摇摇头走了。回屋后，她嘀咕着："人贫寡信，下午拿什么还啊，但不这么说又怎样搪塞过去呢？"

"房捐钱！"敲门声打断了她的思绪。她颇有经验地与来人周旋着，最后对来人说："对不住，今天又使您白跑一趟，过了年，我给

1936年第16卷第28期《天津商报画刊》中《春节记事》一文

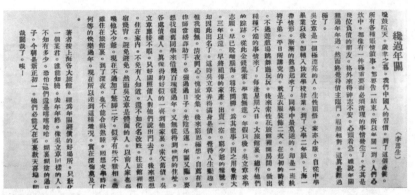

1926年第1期《良友》中《才过年关》一文

您拜年，给您送过去。""别，拜年不敢当，房捐今天原本都要一律交齐，真是的，就几毛钱，让我跑了三趟，少买些年货也能挤出来啊！"年货？实不相瞒，我还没吃早饭呢！房捐要紧，吃饭要紧啊？她心里这样想着，脸上却堆着笑。

"煤钱！"她送了收房捐的刚转身，煤铺的又在叩门了。"我知道了，晚上我给您送到柜上去。""二百斤煤，我前后来了五次，晚上你又说没有工夫，还是我派人来取，请千万预备下！"来人命令式说。"人是什么时候都有工夫，实在是钱没工夫。家里已经一点煤也没有了，请您务必再送一百斤吧！"她乞求说。"别，还是等你送了钱来再送煤吧，好清手续！"来人毫不客气。

如此，刚送走催命鬼，又迎来讨债精。除夕这天不断的叩门声，与街市上的爆竹声、隔壁家的剁馅声，交织在一起，配成除夕交响曲。他们一家人在寒冷的屋子里，一天没有吃饭，围在一起和衣而坐，直到天亮。如此守岁，真不知还有多少人家啊！

旧时的年礼花样多

如今，随着人们收入的增加，生活水平的提高，亲戚朋友间过年送礼的花样越来越多，档次越来越高。您知道民国时期都送什么年礼吗？或许大家能从著名报人王伯龙刊发于1934年1月4日《北洋画报》上的《年礼有感》一文中找到答案。

每到春节时，凡是知好，必要相互馈送年礼。民国时期的年礼最讲究颜色多样，至少两色，多至四色、八色。颜色的多寡，要视送礼人的经济实力和与受赠人的交情深浅而定，感情越深，颜色越众。

1931年之前，王伯龙在东北的朋友们或遣邮差邮寄或派专人专递，都要给关里的亲朋好友送年礼。当时，送年礼也有些不成文的规矩：第一是选择送礼人当地的土特产；第二必在被送人所在地较为缺少，这样才能让收礼人感到稀罕和珍贵。所以，当年东北人送年礼首选皮货，如貂鼠、水獭、海龙等，其次是成枝的人参和装架的鹿茸。

至于天津本地的朋友们呢，则彼此互送礼券，或馈赠食品。食品中最普遍的是温州的甘蔗和福州的橘子，它们不但应时应景，而且隐含着吉祥的寓意，甘蔗有节节升高之寓，橘子有多福多贵之意。那时，南方人过年，都要在家里显著的位置上摆放一盘橘子。温州

年禮有感

伯龍

「圖寶三」繪峯松趙家畫

粪的政策

「烏翠」繪君北林源莊報本爲昂少家畫名南渐

狗苟（續前）　老宜

「影樹楓霜」

「賢七林竹」侯衡乘作志尹周補竹

水山繪澗伯楊清

人别朝明收却何重人主时罝福糕珍物鱼腽臘
送　下　情　新。　橘　年　品　内　禮年送

1909年第36期《戊申全年画报》的《送年礼》图文

的橘子又叫蜜橘或金钱橘，不仅在普通百姓家讨个吉利，更讨生意人欢心。由此可见，国人无论南北，都有善颂善祷与好取吉利的习惯。

但"九一八事变"后，由于东北陷入日敌之手，平津一带的国人一律不穿水獭貂衣，不食人参、鹿茸。他们不是为了节俭，而是因为爱国。看到这些东西，就会有林黛玉"见土仪颦卿思故里"的感想，睹物思地，就会想起国土沦丧，同胞惨遭蹂躏，产生剜心的疼痛。一般人都会吃不下东北的特产，即使勉强吃了咽进肚里，也会像战国时期齐国著名思想家陈仲子，误食其兄"呃呃叫之物"的肉一样，而"哇"的一声呕吐出来。这样，对于收礼人就不是送礼而是添堵了。由此可见，当年天津人送礼也送出了爱国的境界。

为此，身为天津人的王伯龙便开始为天津特产做起了广告。他建议天津市民，"最好本市人用本市出产做礼品"，比如狗不理包子、小刘庄萝卜、煎饼果子或油炸蚂蚱，都是绝佳的馈赠之物。这样，既免去了利权外溢，而且又摩登时尚，更是经济实惠，最重要的是这些东西放上几天也不会变色，更不会发霉变质。因此，他在文章的末尾处，号召大家尽情地、放心地馈送天津的特产吧！

旧时过年的消费账单

　　在老天津卫，一进腊月，家家都呈现出匆忙和紧张的气象。这种忙碌与消费紧密相连，那么，当年每家在过年上的消费有多少呢？天津名士王伯龙曾依据市民教馆的统计数字，在1937年第22卷第30期《天津商报每日画刊》上发表《过年论》一文，披露的天

1937 年第 22 卷第 30 期《天津商报每日画刊》中的《过年论》一文

津人在过年上的巨额消费令人咋舌。

　　腊月的第一个节日即为腊八，采买大米、小米、玉米、薏米、红枣、莲子、花生、桂圆和各种豆类，熬腊八粥等的消费当在6700元之余。二十三是祭灶日，购买公鸡、设灶王龛、张灶神；二十四为扫房日，收拾屋子，擦洗家具，新式家庭还要买上几盆花，换上

1934年第5卷第12期《燕大周刊》中的《过年论》一文

几个鲜明美丽的纱灯罩。这两天的花费加上除夕夜祭祖的消费，总得在600万元之谱。天津人过年，除了祭祀敬神等供奉外，主要花费就在吃喝玩乐上。从二十四开始，便开始了购买年货，食物主要是点心、鸡、鸭、鱼、肉（猪肉、羊肉、牛肉）、干粉条、海带、年糕和干果，等等。还有一些点缀用品，如桃符、春联、吊钱等，再有就是孩子们的玩具，如走马灯、爆竹、风筝等。这些加起来约需五六百万元。

老天津有句俗语"三十的饭，初一的穿"。旧时即使是穷人家，妇女过年也要换上一双新鞋，意在来年时来运转、步步登高。而有钱人家的妇女则一律换上新衣服，头上戴着石榴花、聚宝盆之类的花，手上、颈上、耳上戴着金光闪闪的首饰。因为男人们要外出拜年，妇女们则要留在家中接待前来拜年的客人，她们的穿戴也代表着家族的颜面。有了这层意思，个个争奇斗妍也就在所难免了。穿上的消费各家相差悬殊，不可一概论之。

过了除夕，串亲访友拜年是天津人的风俗，长时间不见的亲朋好友多要见上一面。串亲戚当然不能空手，都要带上年礼。年礼五花八门，大路货是传统的点心，也有人送温州的甘蔗、福州的橘子，而公务人员中下级送上级流行礼金和礼券，以求来年在升职加薪上多多关照。这笔费用因人而异，少则几万元，多者可达上百万元。为讨吉利，也为了让孩子们健康成长，长辈们都要给晚辈们压岁钱，普通人家一个长辈给一个孩子平均在1万元左右。

天津人在过年期间爱玩纸牌、搓麻将，但多属家族成员之间娱乐式的小赌，手气旺的赢家与点儿背的输者之间也不过在几十万元间。另外，就是听戏、看电影的娱乐活动了。一般说，长者喜至戏园子听戏，晚辈们爱到电影院看电影。因为过年，各大戏院、影院常是座无虚席，票价调整亦在情理之中，听上一出三个小时的大戏与看一场电影的花费约略相同，在800元至1000元之间。

年头岁尾，羯鼓频催，声声敲入寒士心窝。更有一些穷人在过年期间，既没钱买年货，也没钱换新衣，甚至为了躲债还要奔走异乡。有谚云"一年三十晚上敲锣鼓，谁知道穷爷的心中苦"，因此，一些漂泊来津的穷文人有感而发，撰联曰"年年难过年年过，处处非家处处家"。

文人笔下的年俗

　　旧时，天津各画报每逢春节前后，也要约请文人们写一些有关年俗的文章，以为贺岁。津门名士王伯龙在1934年2月20日《天津商报画刊》刊登的《旧年拉杂谈》一文，介绍了几种老天津年俗。

　　每入旧历腊月，便有乡人肩上背着草帘、腋下夹着木版彩印的年画，嘴里高声喊着"揭年画儿"，和着卖旧历的吆喝声"宪书"，

　　1934年第10卷第32期《天津商报画刊》中《旧年拉杂谈》一文

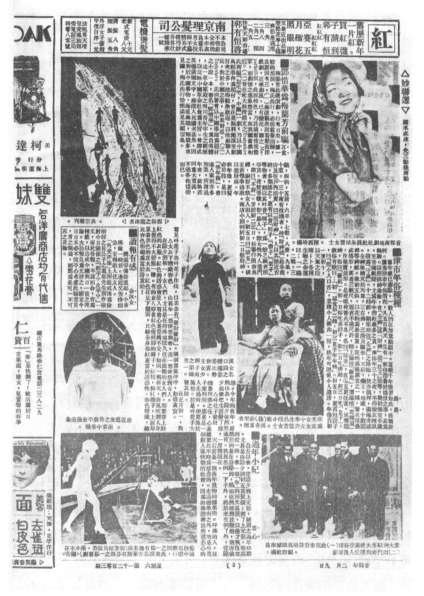

1935年第25卷第1203期《北洋画报》中《津市年俗种种》一文介绍的天津年俗

打破了大雪后天津老胡同清晨的寂静。他们卖的年画和旧历都是出自杨柳青一带的村镇。年画除有大小之分，还有种类之别。有年景类，如"快乐新年""迎财神"；有吉语类，如"发财还家""阖家团圆"；有调侃类，如"二十四卖""二十四调侃"；有裸体类，只限于男性小胖子，如"喜庆有余""连年贵子"；有戏剧类，如"八大拿""洛阳桥"；有小说类，如"西游记""封神榜"；有滑稽类，如"小寡妇上坟""小老妈上京"；也有少量低俗的春画类，粗制滥造，不堪入目，官方虽屡次查禁，但未能绝迹。

老天津卫的人好斗牌，春节期间为甚。一进腊月二十，直到正月十五，家家户户，没有不凑凑小牌儿的。天津人习惯把打牌称为斗牌，斗牌常挂些小彩，多在亲朋好友间进行，故有别于赌博。斗牌的形式五花八门，各不相同。有麻雀，在中等阶级以上最为盛行。有扑克，稍带欧化者喜之，后在民间渐趋推广。有牌九，无论穷富贵贱，均嗜此法，俗称"吃狗肉"，取其痛快之意。有押宝，在大户人家的男门房或人多的场合，常能见到这种玩法，尚未普及至寻常百姓之家。有骰子，分为两种：一曰赶老羊，用六颗骰子，除三看三，以十八点为老羊，并有五子、合巧、相等各名词。这种玩法类似游戏，极有趣味，场面热炽，常引得众人围观。一曰赶猴儿，以骰子三枚，除二看一，最多六点，这种玩法的人数宜少不宜多。

春节期间，最快活的当数孩子们，他们穿着新衣服，男孩放鞭炮，女孩玩游戏。一边玩耍一边嘴里哼唱着俚语歌谣："三十儿，捏饺子，赶皮儿；大年初一，撅着屁股作揖。新年新月并新春，花红对子贴满门；前门种着摇钱树，后门摆着聚宝盆。正念喜，抬头观，来了福禄寿三仙；增福财神来进宝，还有刘海撒金钱。"

游戏也是旧天津的年俗。有一种游戏名曰"赶围棋"，以一枚骰子，掷出之点，以十二生肖之别，直入中心小屋方为胜者，为孩童们的最爱。还有一种名曰"掷长官图"的游戏，其玩法是，图中自平民百姓起，历三甲而外放，至入阁，荣任太师为止。分书德、才、功、赃，玩家分掷一个箭镞式木螺旋，凡掷到"德"的人皆色喜，掷到"赃"的人则色沮。这似乎与当时的官场恰好相反，只因玩游戏者均为平民百姓，故掷"德"而喜，掷"赃"而悲，而进入仕途升了官的人，则在官场中只图财而不求德了。

正月里来闹元宵

上元节即元宵节，是正月里的最后一个节日，也是春节的尾巴，所以老天津卫一定要在这天狂欢一回。正所谓"银花火树几相承，拥挤冲衢竞看灯，金吾不禁庆升平，处处灯光半光明"。

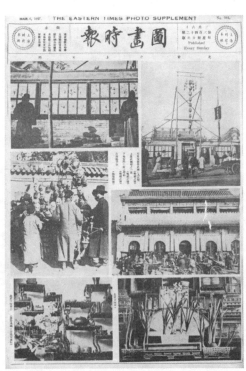

天津最早的花灯当数估衣街、大胡同、东马路和宫南宫北大街等地最佳。民初时期，到正月十四、十五、十六这三天，天津卫的商家都要斥巨资举办悬灯赛会，一是为庆贺节日，为节日增光添彩；二是以此炫耀商家的实力。除沿街店铺加添灯彩外，官方也要在金汤街、金钢桥、万国桥复接线装灯，把海河装点得分外妖娆。黄昏之后，各种

1927年第342期《图画时报》中的老北京上元节

花灯争奇斗艳，亮如白昼，锣鼓声喧，火树银花，爆竹之声，不绝于耳，游人如织，途为之塞，就连不常出门的妇女们也过来开开眼界，可谓万人空巷。各商店鸣锣响鼓，燃鞭炮、放焰火，街市游人入夜不绝。早期的花灯多为绢制和纱制，后增加了纸扎与玻璃制，以各绸缎庄为佳。天津各灯店以华锦灯铺最著名，莲船、走马、吉利、莲花等形态各异，玲珑精致，

1936年第16卷第45期《天津商报画刊》中的《闹元宵》一文

庞大与娇小俱有，朴素与怪异并存。当年最流行的便是在宫灯上绘制整套的《三国志》《水浒》《西游记》《红楼梦》等连环画，均为精巧的山水人物，惟妙惟肖，全副宫灯的代价可达100块大洋以上。还有一家酱园门前居然挂了一盏冰灯，虽说是出奇制胜，别开生面，但也因当年气候奇冷。后来因为天津的春天多不上冻，何况里面还要点上一支蜡烛，冰灯挂上半天就化了，因此这种冰灯便绝迹市廛。除一些传统作品外，还有配合时事的花灯，如1931年的"雪耻灯"，1938年的"航空灯""国防灯"，1946年的"胜利灯""复员灯"等，给百姓喜闻乐见的花灯赋予了爱国意义。

1937年第31卷第1521期《北洋画报》中《上元节琐话》一文

　　至八九点钟，游人达到顶峰，各商店伙计们将观灯人群分开，匀出一块宽敞地带，开始燃放焰火盒子。他们先将一些木棍架于街头，再把焰火盒子悬置其上，随着一声"站远些"，焰火腾空而起，人物、山水、楼台殿阁等现于焰火之中，栩栩如生，惹得观众情不自禁地喝彩，人声鼎沸，热闹至极。也有一些商店集众人敲法鼓，所敲老三点、乱三点颇有可听之处。

元宵是上元节应时的食品，看完花灯的人们回家后，一家人围坐桌前吃上一碗热腾腾的元宵，其乐融融。元宵馅分十种，故称什锦元宵，当年它也是迎接姑奶奶的礼品之一。当年，出嫁之女在这天要被接来娘家，款以酒食，贵如上宾。

　　正月十四，家家必要蒸刺猬、老鼠、元宝、银锭之类，一大早将老鼠置于窗台之上，头冲外，晚则调换成头朝里，以示驮元宝回家，祈盼当年财源滚滚。正月十六，居家妇女有走百病之举。午饭后，她们成群结队，盛装出游，逛马路，串亲戚，游公园，筋疲力尽亦所不顾。

二月二民俗

　　中国民俗中素有"二月二，龙抬头"之说，起于何时，无从考证。明代《帝京景物略》中即有"二月二日，曰龙抬头，煎元旦，祭余饼，薰床炕，曰薰虫儿。谓引龙，虫不出也"之载。

　　旧历二月初，通常在惊蛰前后，万物复苏，百虫惊起，疫病多发。故而，早年间，二月二日天方破晓之时，天津市民多用铁器敲

1923年第3期《好孩子》中的民俗

打房门，口中唱着一句俚歌：“二月二，敲房梁，蝎子蜈蚣没处藏。”也有的用擀面棍儿或笤帚疙瘩敲击炕沿，另有一句歌儿：“二月二，敲炕沿，蝎子蜈蚣不见面。”还有人家用绿纸剪成一个蝎子尾巴形状，夹在剪子中间贴在墙上，示人注目。据说，这样可使蝎子、蜈蚣、毒蛇之类的害虫远避不出，人们遂获平安健康，后则渐渐演变为驱除瘟疫之意。而津郊农村就有这样的风俗，当日清晨，村民担来第一担井水，先给孩子们每人喝上一口，名曰“饮痞”。大概有两层含义：一为龙是万物之首，有万能之意，此日的阴晴可主该年农作物的丰歉；二有预防疫病之意，“痞”即指容易传染儿童的瘟疫。

由此可知，当年二月二实际上是一个驱毒物、避害虫、除瘟疫的日子。这在许多医学典籍中亦可找到依据，如《居室必用》称：“二月初二日，五更不语，采薰菜菜梗，阴干，作剔灯仗，诸虫不入灯盏。”《海上方》写道：“柘木洗目令明，二月初二日煎汤，温洗目，可令明朗。”《千金月令》中有：“二月二日，取枸杞煎汤，晚浴，令人光泽，不老不病。”

二月二也是一个踏青郊游的好时节，故而《壶中赘录》曰：“蜀中风俗，以二月二为踏青节。”《秦中岁时记》载：“二月二日，曲江挑菜，士民前往游观极盛。”《群芳谱》载：“二月二日，采野蔯苗和粉面，作饼食之，以为节物。”这些不过是人们不愿辜负大好春光，想出各种有益身心健康的事情，以使这个节日更有意义。

天津人讲究吃，每个节日都是一个吃的理由。烙薄饼、煎焖子、拌豆芽菜、炒鸡蛋，间或加上一点炒龙须菜，这便是老天津人二月二的吃食。口味清淡，令人垂涎。妇女们在这天还有不许动针线的说法，因为龙是百虫之首，它抬头后，会让众害虫臣服而不敢害人。如果妇女们动了针线，扎了龙眼就糟糕了。其实，这也是忙了一个正月的妇女们，给自己外出娱乐找的一个说辞罢了。

天津是戏曲之乡，每逢节日，戏剧界皆有应节佳戏，以资点缀。

二月二

季方

一清早祖母就把大家全都招呼起來了，老李媽，趙媽，小王媽，全叫到上房裡，收拾東西，拾掇屋子，擦几案上的擺式〈大伯媽，三伯媽和二母親都趕着梳洗〉，到上房來聽候吩咐吧，大嫂二嫂更早在祖母屋裡幫助指揮牛千了！一家子聽着祖母們的日子，雖然沒有姑奶奶們都出嫁了，可是姐們的出嫁了，我雖然沒有姑奶奶們可是姐姐非要聽奶奶們的今天乃是因爲今天乃是奉命買了戲票，今算了算兩個包廂約都在廣和戲園去聽戲了，二哥的五位千金，二哥的兩個少爺，六個外甥，四姐兩個女，三姐和三個甥女五個外甥，姐和兩個甥女三姐上五妹六妹七妹等十三口子…

老祖母把他們議到上房要十點了，景快跑了快跑了等到漱洗完了，因爲祖母房裡就然十三口子，再有兩個大孩子的池座，四姐上五妹六妹七妹外甥，光五六位金，二哥十三口子，大嫂已把三姐摟了來，震也跑了，坤亨是個胖子，母親把他們好的，間明的議，把上房要抱那個小，亂哄哄的母母又笑語，小孩子都扮着乖的小孩子，眼睛打閉了，又很白，眼神都扮開了，又很有神，大家都說他像皮球似的臉上都扮開了，七妹說：「嗐！你別說是個胖圓臉，

大元是皮球吧！你才像大元哥呢！」大家都變起來，哄一遍嚷，一遍趕着他們到那邊大嫂家去了，淑和靜兩妹，只把二姐一人接來了，輕娃娃着祖母屋，堂屋是三個同學看早是三伯媽和伯母親陪着祖母，說上滾着翻斗牛，五妹六妹和震立言霽地的毛織的毯上滾着翻斗牛，一起和二嫂談着立言讚論翹翹裡都是開着。院書房那裡就看見小王媽抱着玲珠，滿屋滿院跳着小弟！屋裡直不如同一世設新語裡，摹起一本把熱鬧裡頭霽老張滾起熱鬧也在空穿着跳着他熱鬧堂子才好了。這一早晨把我摟起一早晨把

…

表把利留着新祈，吃沒時候姐我最琳我：「你們罷另別的……你來了，別的……奶奶，我們坤直去了，一嚷正後一撥話正扭笑起那麼說妙說抱地進的進直到……一震正後一撥…的門兒一開一開打小震戀戀到哭直市場好的吃了…吳會兒飛鬼臉兒「我的……他臉臉和大元也每人一把他…嚇，一領利和大元也每人一簇

…

享了的！一時我頃，牌想靜地着彷彿上……煙房氣瀰漫……屋球去擎着呢……茶香祖母吸着煙着煙……水焖燃着香三姐一比却恰且羞恰子都拍手愛逗大覺逗逗煙瀰漫……安多拍裡嚷到

…

二嫂親手把衣行！一攬三妹媽姐子，媽說定一行！十歲小將去小姐定要走了。「沒有有兒我都不人小一……祖！「沒有有兒派去派了也安排家也……一震說表別我們人五說老爛的…到

…

六票吧！我們一嫂跟我……外甥六吧！我們一嫂跟我……着打了震別了到……祖母她祖母去嫂曲別別人……姐姐得個今天班日正正……她祖母她……我一說……老爛的向，到

我得不和六姐喚姨…三伯冠草，笑時，結着姐小震，才……姐洗…澡職去叫……有沒給他們……牌。…姐……表曲別人。二姐子震…母姐子一震……才到上…二覺去利

1940年第21期《三六九画报》中的二月二民俗

二月二的应景戏是《彩楼配》，实为全本《红鬃烈马》的第一出，讲的是二月二，王宝钏在彩楼抛绣球招婿的故事，故亦名《天赐良缘》。这出戏多自花园赠名起场，也有从金殿赐球开锣的，为青衣重头戏之一，佐以小生薛平贵，重唱工。清末民初之时，正工青衣必能此出不可。善演此戏者首推陈德霖，此后有王琴侬、吴彩霞。姜妙香在唱青衣时，亦工此戏，为陈德霖亲传，迨至改演小生后便不再演出此戏。四大名旦中的尚小云、程砚秋皆曾在津演过《彩楼配》。至抗战胜利后，愿演此戏的名伶寥若晨星，随着《彩楼配》沦落为底包的开场戏而渐渐淡出观众视线。

老天津的端午节

清朝年间，天津的端午节与南方无异，家家吃粽子、绿豆糕、杏子、黄瓜，喝雄黄酒，户户插艾草、悬钟馗像。大人们在小孩子的脑门上写上“王”字，头上戴着绒质的小虎帽，身上挂灵符，腰

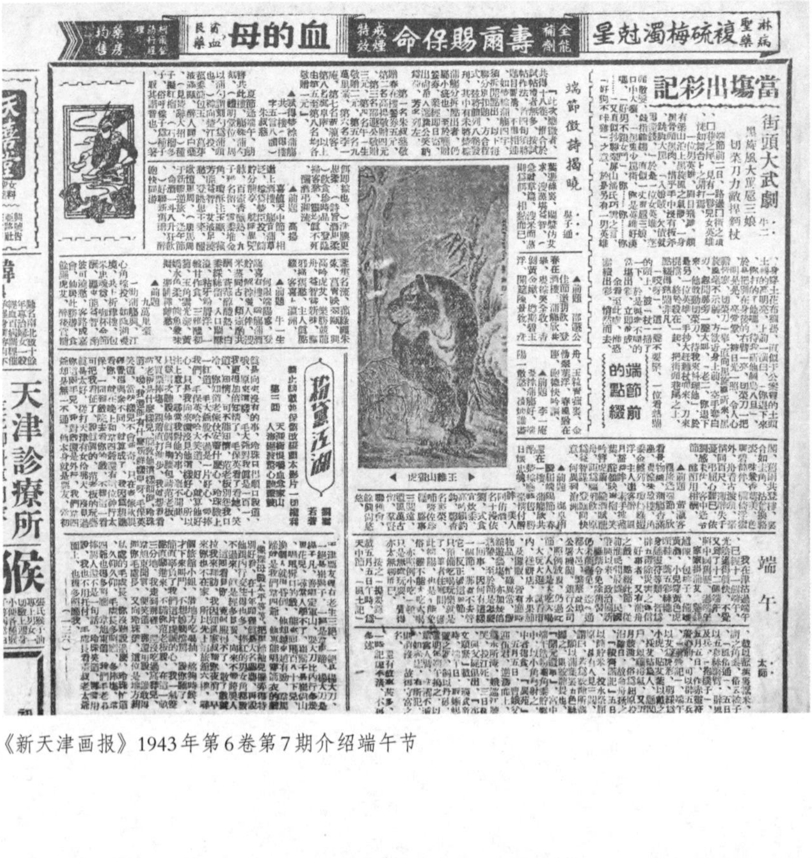
血的母
壽爾賜保命
星尅濁梅硫複
當場出彩記
街頭大武劇
端節徵詩揭曉
端節前的點綴
天津診療所
端午

《新天津画报》1943年第6卷第7期介绍端午节

间系五彩丝绳，脚下蹬黄色虎头鞋，皆为避五毒除灾害之意。女人们将红纸剪成蝎子形贴在炕边。民间还以赛龙舟的活动点缀节日气氛。戏园子里演着《盗仙草》《混元盒》《五花洞》《琵琶缘》等应景戏。饭馆、游艺场、店铺较平日更要热闹几倍。各糕点店、水果铺、小摊贩，端午节前皆有应时物品出售。循旧例，每年的端午还是一个还债的日子，因

《立言画刊》1942年第196期《天津的端午节》

此，节前忙坏了一群人，便是讨债的；急坏了一群人，就是欠债的。

进入民国后，政府倡导新生活，曾将这些民俗当作封建迷信而明令禁止，但端午习俗已在民间根深蒂固而未能禁绝。后来遂禁令大开，全国各通衢大邑，繁华商埠，公署机关，银行公司，照例还要放假一天，人们得以大玩大逛、大吃大喝。

学生们尚未放暑假，而且正在准备大考，端午节则让他们稍事喘息，放纵一日。满大街的时髦青年、摩登小姐引领着时尚的潮流，他们过端午节不吃粽子，不吃绿豆糕，更不喝雄黄酒，而吃冰激凌、雪糕，吃奶油菠萝、奶油杨梅，喝橘子水、气泡水；他们不屑听传统的应景戏，而到电影院看美国大片。文人们则忙着聚餐雅集，吟咏敲诗钟，吊屈原，吟角黍，咏龙舟，诵钟馗，弄个五毒雄黄酒分

咏。思想新一点的则不吊屈原吊王国维，不咏龙舟咏宁园泛舟。

津门大小报刊的副刊每年节前都要刊登一些说端午、谈粽子、话五毒的文章，旧话重提，老瓶装新酒。戏剧版便要介绍《白蛇传》《混元盒》《金针刺蟒》《捉蜈蚣》等故事的由来。有的报刊还要举办端午征诗活动。征诗又有若干讲究，题目出好，可到六月交卷，评选出前几名，八月十五公布前几名名单，刊登作品，酌给奖励。如1943年《新天津画刊》就举办了一次活动，征诗要求"首四句须将题目点清，不得相连，如楚、粽、蒲、龙四字，须拆开点出，且每联分别扣题"。

活动结束时，共收得征诗18首，但合乎要求的却不多。最终刊发了前八名的作品，均获得一定面值的春在楼餐券。第一名朱叔慈得五元，第二名高扬得四元，第三名至第八名各得一至三元。

第一名朱叔慈的题目为《赋得楚粽蒲觞共一楼（得楼字五言八韵）》，内容如下："夏节逢端午，朋簪共此楼；觞殊蒲勺刻（礼明堂位，周以蒲勺谓刻勺为蒲头也），粽向楚江投。菰黍筒包玉，菖牙液满瓯；醉人同白蘖（见楚辞大招），种子拟红榴（石榴多子，俗呼粽子为种子，取其谐音也）。箬叶凭丝里，兰浆仿艾求；溲蒸堪益智（急就章篇，溲米而蒸则为饵，相粘而已，饵即粽也），洗腴更思柔（诗旨酒思柔）。饮食珍时品，登临扫客愁；灵均真不死，酿酒吊湘流。"

西风东渐

见证近代中国风云变幻的利顺德饭店

　　1860年天津开埠后，随着各国商人入境开展自由贸易，传教士也接踵而来。1861年4月4日，殷森德乘船从上海抵津后，立即开始传教。几天后，就有几个人领洗皈依了基督教，其中一个还把自己的房子腾出来，改建成圣道堂的礼拜堂。这座位于城里叫作"北仓"的地方，就成了天津第一所礼拜堂。不久，殷森德的妻子也来到天津，并开办了一所中国女童学校。同年9月22日，他们的女儿安尼（Annie Edkins Innocent）出生，幸运地成为在津出生的第一个英国

20世纪20年代的利顺德饭店

侨民。翌年，殷森德与美国公理会的柏亨利（Blodget）在天津城鼓楼东部的仓口附近租了一所房屋，后来扩建成仓门口教堂。1862年4月，仓门口教堂建成后，殷森德就把家搬到了教堂里。

不久，殷森德便通过英国驻津代理领事吉布逊（John Gibson）参与了英租界工部局的工作，并成为董事之一。他之所以有资格进入董事会，一方面因他为英军主持礼拜、为伤兵做祈祷而得到英军军官的支持；另一方面他通过占领军结识了天津盐商张锦文，并得到了他的巨额资助。

张锦文为炫耀自己的富有和权势，曾带领殷森德参观了自己捐资开办的育婴堂、施粥厂等福利机构，并慷慨地给了殷森德一大笔钱。而颇具商业头脑的殷森德，拿到这笔钱后并没有去施舍，而是联系了怡和洋行经理麦克利恩，着手购买土地建造饭店。

1929年第31期《新嘉坡画报》中对利顺德饭店的图文报道

1863年初，殷森德与英国女王的驻津代表吉布逊签订了一份转租土地的"皇室租约"，以纹银600两承租了英租界29号地基的19.9英亩土地，每年每亩交纳租金1500铜元，租期99年。几个月后，殷森德便雇用民夫在他购买的土地最南端，建立了一处简易的英式印度风情平房，作为货栈、洋行、旅馆和饭店之用，专门招待外侨。这就是利顺德饭店的雏形，人称"泥屋""老屋"。（一说利顺德饭店建于

旧明信片中的利顺德饭店

1864年，创始人为德璀琳）

泥屋内部宽敞，家具充裕，宜于夏天居住。但一到冬天，却使人一看到就感到寒意，让人望而却步。用白铁制成的屋顶更数次被大风吹跑。后经过几度修整，饭店共由两部分组成：前边是洋式平房饭店，后边是铁板顶棚货栈。这座具有印度风情的英式平房，便成为天津最早的涉外饭店。

1884年，泥屋被英国人乔治·瑞德购买后扩建，建成了三层平坡顶的砖木结构的建筑。该建筑是当时英租界中最高最大的建筑物，英文名为：ASTOR HOTEL，中文名"利顺德饭店"，巧妙地把儒家孟子"利顺以德"的格言寓意其中（一说，1886年夏天，在英工部局董事长德璀琳、商会董事长狄更生的主持下，由殷森德、安德逊、甘霖等人集资，将泥屋扩建成为一幢建筑面积达6200平方米、带有西部欧洲乡土气息的三层砖木结构的古典露明式豪华宾馆楼房）。

1895年，乔治·瑞德正式从原土地承租人弗朗西斯·久连·马歇尔手中转租下了这块土地，1898年4月转为利顺德所有。1929年，为经营需要，拆除了北侧的部分主楼，扩建起了2500平方米的砖混结构的四层楼房。

利顺德饭店在当时是中国外交活动和政治活动的重要场所。英国、美国、加拿大、日本等国先后将各自的领事馆设在饭店内。《中国丹麦条约》《中国荷兰条约》《中葡天津通商条约》《中法简明条约》等都在这里签订。孙中山、黄兴、宋教仁、张学良、溥仪、蔡锷、梁启超、袁世凯、段祺瑞等各界名人均曾在此驻留，美国前总统胡佛也曾在此留下足迹。

作为那个时代最高档的饭店，利顺德内部的设施直到今天看来仍然是令人惊艳的。饭店至今还保存着我国早期使用的发电机、电灯、电话、留声机，以及刻有1863年、1886年总督饭店、1897年利顺德饭店有限公司等铭记的金银餐具。这里是天津市乃至全国最早使用电灯、电话和电报的地方，在那个穿长袍马褂留辫子的时代，代表了现代化的一丝光亮。

中国邮政肇始于天津

　　学界有"百年中国看天津"之说。作为中国近代邮政的发祥地，天津在中国邮政史上创造了多项第一：中国第一个邮政代办机构、第一部邮政规章、第一条邮路、第一张邮政资费表、第一套邮票等都诞生在这里。

　　1854年春，19岁的赫德被英国外交部任为驻华领事馆外交官，于是，他怀揣100英镑路费，告别了家人，漂洋过海，来到了地球的另一端。7月，赫德先在香港受训三个月后，被分配至宁波领事馆，成为一名见习翻译，奉命陪同英国领事阿礼国（Sir Rutherford Alcock）前往苏州河北岸会见上海道台吴健彰，这是赫德第一次见到清政府的官员。1863年5月担任总税务司，从此，年仅28岁的赫德，开始了他对清海关长达45年的统治。

位于今天津市解放北路上的大清邮政旧址

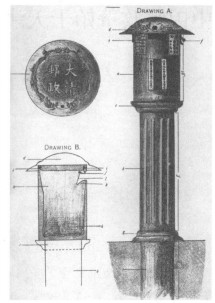

19世纪90年代的中国邮递员　　　　　清代邮筒图样

1866年，总税务司署内成立了邮务办事处，管理公使馆邮件，办理北京、天津和上海之间的邮件运送邮递。1876年，赫德建议清政府创办送信官局，被总理衙门所采纳，遂饬令各通商口岸及就近地方设立送信官局，由总税务司管理，并得到北洋大臣李鸿章的积极支持，鼓励赫德先试办海关邮政，待收到成效后，再改为国家邮政。于是，赫德扩充海关邮递事务，令各口海关均设邮务办事处（又称海关邮局），并准收寄普通百姓交寄各通商口岸的信件。

　　1878年3月9日，赫德在李鸿章的支持下，指派天津海关税务司德璀琳以天津为中心，在北京、天津、牛庄、烟台和上海五处依照欧洲模式试办邮政。23日，德璀琳在天津发布公告，天津海关书信馆对外开放收寄华洋公众邮件。这在我国近代邮政史上是一个值得纪念的日子，从这一天开始，中国公众有了使用官办邮政传递信息的权利，民信私札，第一次堂而皇之地跨进了邮局的大门，中国近代邮政由此发端。同年7月，诞生了中国第一套邮票——大龙邮票。

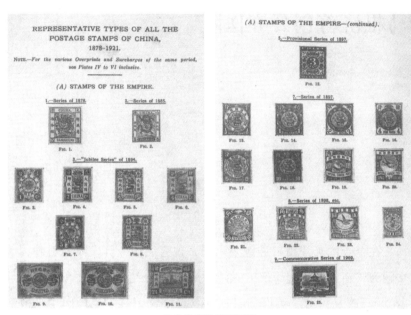

清代发行的邮票图样

1880年1月11日书信馆改名为"天津海关拨驷达局"。但"因与国家所设体制不同，故推行每多窒碍"，中国邮政发展缓慢。为此，赫德一再呈请总理衙门和李鸿章，尽快开办官立邮政局，以统一全国邮政，并在《开办邮政章程》中，详细规划了开办国家邮政及全国性邮局的规模、业务、经费、地方分局的设置和邮区等级等事宜。1896年3月20日，清政府谕令立即筹备国家邮政，创立大清邮政官局，全国通行，令赫德"管理海关之外兼理总邮局司事宜"。至此，全国邮政走上了一体化的道路。1897年2月2日，更名"大清邮政津局"。1906年清政府设立"邮传部"。1911年该部接管邮政，邮政从此脱离海关，成为独立的系统。1912年"大清邮政"改为"中华邮政"。

马根济首创公立医院

在今天的天津市口腔医院一隅，曾有一通废弃多年的石碑，碑文题为"新建养病院碑记"，落款为"龙飞光绪六年庚辰秋九月毂旦敬立"。碑文镌有"英医马君根济"等字，记载了英国医生马根济（John Kenneth Machenzie）在天津施医的经过。

马根济

马根济是英国伦敦会传教医师。1860年天津开埠后，他与夫人来津，接管"基督教伦敦会施诊所"，但医院缺少经费，药品不足，设施简陋，马大夫一时陷入困境中，院务工作进展缓慢。1879年夏，李鸿章之妻莫氏夫人患病，多次请中医师诊治无效。在这种情况下，李鸿章想到了西医，通过美国驻天津副领事毕德格，邀请美以美会驻北京的女西医师郝维德来津。郝维德制订治疗方案时，马根济提出了意见并使用西洋医术中的手摇电机，令李鸿章大开眼界。术后月余，莫氏基本痊愈。从此马根济声名大噪。为加深李鸿章的印象，马根济特邀李鸿章至伦敦会医院参观其手术全过程。李鸿章遂聘马大夫为官医。

初建时的马大夫医院

民国时期的马大夫医院

　　嗣后，李鸿章选址在三岔口大王庙建立西医院，该院为近代中国人开办最早的西医院之一。但大王庙西医院只有门诊部，没有住院部，难以收留远道来诊患者。李鸿章采纳马大夫等的建议，决定在基督教伦敦会医院基础上，扩建新院。在李鸿章的积极倡导下，天津卫士绅、洋人买办纷纷捐款。此番李鸿章共募集白银6000两，他又亲自捐银4000两。1880年秋，新的西医医院在海大道（今大沽北路口腔医院为其遗址）落成，设病床150余张。名为伦敦会施医院，也叫养病院、医病馆，津门俗称其为总督医院。这是一座殿阁式、歇山顶的中国传统建筑，大王庙门诊部随即迁往此地。这就是后来的马大夫纪念医院的前身。

1880年11月1日正式开业时，李鸿章主持开幕仪式并致辞，包括长芦运司、海关道及各国领事、税司等官员在内的70多名中外来宾出席。大家好奇地参观了这里的医疗设施。当时有记载赞曰："大厦宏开，登疱痍于衽席；山门广辟，起疾病以刀圭。"李鸿章欣喜之余也撰对联曰："为良相，为良医，只此恫瘝片念；有治人，有治法，何妨中外一家。"

福建福州协和医院之新护士宿舍
Nurses' Home of Willis F. Pierce Memorial Hospital,
Foochow, Fukien.

天津马大夫医院幼儿在日光下摄影　天津马大夫医院婴儿之摄影
Babies Taking Sun Bath, Mackenzie　A Baby Display of The Mackenzie
Memorial Hospital, Tientsin, Hop.　Memorial Hospital, Tientsin, Hop.

1941年第22卷第3期《中华护士报》中的天津马大夫医院

医院设挂号房、司账房、割症房、养病房，还设诊脉发药房，可见该院在中西医相结合方面做得还不错。为满足社会所需，该院还开展施种牛痘、戒除烟瘾等业务。

医院开诊后，带有明显慈善特点。其中，头等病房满足达官显贵之需，但医疗费昂贵。院方将收取的高额费用用于贴补住三等病房的穷困患者。马大夫对于前来就医的老百姓，通常只收挂号费，不收或减收医药费，对生活贫困者则连挂号费也免收。甚至在医院经费不足时也不例外。马大夫医术精湛，前来求医者每天络绎不绝。冬季求医者每天有200余人，夏季则多至每天400—500人。床位常常满员。1886年，马大夫在撰写的年度工作报告中称，当年住院人数为556人，其中眼科最多，达164人。每位病人的平均住院时间是21天。其间共进行手术589次，其中眼科手术达到212次。由于医师数量有限，马大夫每天十分忙碌，以至于积劳成疾。

马大夫医院不仅为许多历史名人诊治过疾病，而在此出生的婴儿中，有的日后也成为名人。如曾经夺得1924年冠军、后又献身于天津教育的英国运动家和教师埃里克·利迪尔（Eric Liddell），1902年就出生在这所医院。

天津电力始于英租界

　　清光绪十四年（1888），英租界的比商世昌洋行曾在绒毛加工厂安装一台小型发电机，由原动机带动，一度供给附近的荷兰领事馆照明，这便是天津最早的电力。光绪二十九年（1903），在仁记洋行内，英工部局建立了"天津使馆界发电所"，但发电能力只能勉强供给使馆照明。光绪三十二年（1906），英商仁记洋行受英租界当局委托，筹集资金25万元，在伦敦路（今成都道）建立了小规模的直流发电厂，基本保证了英租界的供电。扩充租界后，迁到盛茂道（今

1936年英租界发电厂（抗震纪念碑）

老画报风尚志

河北路）。

1920年4月，英租界工部局成立了电务处，直接经营管理电厂，并将电厂改为交流供电。1923年，电厂进行了扩建，并且建立了高林洋行（Messrs Collins & Co.）、隆茂有限公司（Mackenzie & Co.）和 Electricity Works 分电站。发电厂从英国维克司厂进口了三台发电机：一台由米特罗维格斯（Metropolitan-Vickers）厂生产的供电量为2500千瓦的电机，两台 Howden-G.E.C 电机，每台供电量为1250千瓦，总发电量为5000千瓦。1925年，输电系统实现了所有分支高压向低压转变设备的统一，在春节、圣诞节等用电高峰时段，保证了该系统各部分良好的衔接配合，不出任何故障。

他们采用了"无烟燃烧"措施，电务处有专人"持续认真地燃烧检查，以保证发电厂产生的排烟量达到最少"。可见，当时的英租界发电厂就已经有了较强的环保意识。

由于人们对电力的需求越来越大，耗电量也在逐年增长，如1924年全年的总售电量为2916352电码，而1925年则为3752717电码，增长了29%。据英租界工部局1925年年度报告

为纪念英皇乔治五世登基25周年，戈登堂装扎灯彩景象

称：这样的耗电量已经超过了当时的英国和中国其他各大城市。进入30年代后，在英租界，私人夜间照明开始兴起，有没有高标准的照明也成为出租房屋的一个重要标准。因为房屋租户认为：有良好的照明，一是为家人出行和亲友来访提供方便，二是可以防止窃贼夜间出没。

英租界的各条道路上基本上都安装了路灯。早期的路灯没有灯

罩，只是设有一个反光器，但在"灰尘及极端气候下，路灯反光器的效果不是很好"。于是，他们先在维多利亚道（今解放北路）上的路灯安装了灯罩，效果很好，随后便在各街道普遍推广使用灯罩。当年的灯罩五花八门：有内白外绿呈椭圆形的特大灯罩，有白磁灯罩，也有金属灯罩。两灯之间的距离通常为9丈，灯与地面距离约为2丈。在电力照明方面，天津英租界在20世纪20年代进展极为迅速，已经超过了上海、南京等各大城市，甚至整个远东地区的街道照明设备也不能与之相比。

1925年维多利亚道（今营口道至开封道之间的解放北路）街景

　　1936年，英租界发电厂再次增容，发电总量已达7000千瓦。抗战时期，日伪华北电业公司成立后，着手统一全市的电业管理，1943年发电厂被华北电业公司收购，改称"华北电业公司天津兴亚二区出张所"。

英商揭开天津自来水历史

　　1897年，英商仁记洋行组织隆茂、泰和、新泰兴等洋行，集资18.7万两白银，于翌年在英租界内兴建自来水厂，1899年竣工投入使用。从此，天津市民结束了祖祖辈辈靠挑河水、打井水饮水的历史，也使天津成为继旅顺、上海之后中国第三座使用自来水的城市。

　　1860年天津开埠后，英、美、法等国先后在天津设置租界，各国商人纷纷涌入津城，开设洋行、银行，开办企业、厂矿、铁路。

自来水出现前的旧式送水车

西风东渐

1947年第4卷第9期《工业月刊》中的《天津济安自来水公司一瞥》

为了满足他们生产、生活和消防的需要，由当时最大的英商仁记洋行出头，组织隆茂、泰和、新泰兴等洋行，集资18.7万两白银，于1898年筹建天津自来水厂，1899年开始向英法租界供水。经英租界工部局核准，天津自来水厂在津享有专利经营权。

　　天津自来水厂以海河为水源，用抽水泵将海河水抽至混水罐后，借重力作用通过输水管道，经宝顺道（今太原道）、海大道、隆茂胡同（今旅顺道），送至位于巴克斯道（今保定道）与达文波道（今建设路）转角处的巴克斯道机厂（净水厂），然后经过沉淀、过滤和消毒，输入厂外管网，最终送抵设于宝顺道东口的取水口，供用户使用。

　　水厂建成初期，供水范围仅限于英、法租界的台儿庄路、解放路、大沽路、建设路、保定道一带洋行集中区域，主要供应轮船、消防和各洋行，安装水表的居民用户仅有20多户，且均为外国人。

一方面中国人本来对洋人就有一种不信任的心理，而当时生产自来水都要用漂白粉消毒杀菌，这就使自来水带有不同于河水的味道，自然使人

1925年，英租界2号自流井正在抽水测试

们担心洋人在自来水里放了什么有害的物质，故不敢饮用；另一方面主要来自卖河水的水商，他们惧怕自己的市场被洋人掠夺，故到处宣传喝了这种"机器水""洋胰子水"会断子绝孙，生不了孩子。于是，占领供水市场就成为洋商自来水公司的迫切任务，他们运用了多种手段宣传推销自来水。例如，对愿意使用自来水者，免费安装水表，给居民稠密区装设水井，并在水井处现场说教，宣传自来水的长处，以及让人们免费用水，等等。此后，中国人终于逐渐认识到饮用自来水的好处。比方说，当时天津居民家家必备两三口大水缸储水，占据很大空间不说，时间一长水缸底经常沉淀一层很厚的泥沙，每隔一段时间就得淘缸，赶上汛期购水，一缸水半缸泥也是常有的事儿。而自来水由于泥沙含量很低，就会省去淘缸之苦。随着接受自来水的居民日益增多，一些原来卖河水的水商看到有利可图，也转而销售自来水。一些想发洋财的商人也加入了卖自来水的行业，他们或承揽安装水表业务，或把自来水水井承包下来，自行经营。由于需求不断扩大，自来水厂也陆续采取凿深井增水源、延长供水管道等措施。

　　此后，随着英租界的几次扩张，人口逐渐增多，工商业日趋繁盛，用水量激增。1920年夏，一家洗麻厂的污水流入海河，自来水

也变得混浊、有异味，引起居民特别是外侨的不满。为此，1923年1月，英工部局收购了天津自来水厂，改称英国工部局水道处，由原来的商业运作改为公用事业方式经营。总办公室设在

1930年，巴克斯道甲号机厂新抽水机房内部

巴克斯道机厂，由英籍工程师克拉克任厂长。此后又先后聘请英籍俄国人斯罗克夫（P.Shirokoff）、英国人克瑞治（A.E.Kerridge）为副工程师。1940年克拉克退休回国后，克瑞治接任厂长。

为改善水质、扩大供用量，1925年，供水水源由河水改为深井水。至1931年，水厂在巴克斯道机厂内和达克拉道（今洛阳道）连续开凿10口水井。1931年又建成了新厂房和一座100万加仑的清水库，拆除了旧有蒸汽机和锅炉，改装以电力为动力的内燃机。从1925年至1937年这12年，是水厂的鼎盛时期，年年都有可观的收入。

1934年4月23日，驻华英国公使贾德干参加河坝立式水泵开用仪式

"七七事变"后，特别是太平洋战争爆发后，日伪政权接管了水厂，派日本人和田担任顾问，更名为天津市自来水管理处。由于时局动荡，物价飞涨，而水费却一直相对稳定，水厂经营一蹶不振。

引领天津西餐业的起士林

过去出版的一些资料，大多认为起士林始建于1901年，创办人威廉。起士林是德皇二世的宫廷厨师，1900年八国联军入侵中国时作为士兵来到天津，并与巴德（Bader）合伙开办起士林，起士林先生则于抗战胜利后不久就离开了天津。在查阅大量档案资料并加以分析研究后，笔者得出结论，起士林的创办人应为阿尔伯特·起士林（Albert Kiessling），创建时间是清光绪三十一年（1905），巴德加盟于1913年，1934年4月1日，奥国人陶必治（Robert Toebich）与德国人瑞却尔（Walter Reichel）接兑了起士林。同年9月巴德离华回国，而起士林先生直到新中国成立后仍住在天津。

阿尔伯特·起士林出生于1879年6月11日，他年轻时曾是远洋轮船上的厨师，随船环游世

起士林的创办人阿尔伯特·起士林

界，熟悉西方各国名菜的风味。1904年，他随船来到香港，在一家德国人开设的西餐店任厨师，同时寻找着自己创业的机会。1905年，在德国驻北京领事馆总领事的建议下，起士林来到天津。同年，他在法租界开了一家小西餐店，并以自己的名字

起士林的售货车

"起士林"命名。1906年，又在今解放路北京影院对面正式开设了起士林。当时，各国租界里的西方人很多，身在异乡他们能吃到正宗的西餐，有一种回家的感觉，起士林自然也就有了一批固定的常客。因此，起士林的生意非常红火。

20世纪30年代的起士林

随着客人的不断增多，起士林很想扩大经营规模，于是在1913年，他给德国的好友弗里特希·巴德写信，邀他来津合伙经营，巴德欣然应允，店名遂改称为"起士林·巴德"。起士林精通做菜和面点，而巴德则是一位烤制西点的专家，他

1937年，起士林西餐厅的全体员工合影

们精湛的技艺和珠联璧合的配合，得到了更多新老顾客的青睐，也为该店赢得了可观的收入。1915年，在天津旧法租界24号路天祥市场后面（今和平区长春道）开设分店，地处繁华，日日发达，资产愈益雄厚。

1920年，起士林招收了两名年轻人，一个是来自奥国的陶必治，一个是来自德国德雷斯顿省（Dresden）、曾受中等教育及制糖果点心业专门教育的制点技师瑞却尔。在以后的日子里，陶必治以其出色的经营管理赢得了起士林的信任，起士林还将自己的妹妹嫁给了他；而瑞却尔出色的制点技艺也得到了顾客的普遍认可。1934年4月1日，以国币23万元，起士林和巴德将"起士林·巴德"西餐厅转兑给了陶必治、瑞却尔，陶必治占股权为51%，瑞却尔为49%，合同还规定，该店仍沿用起士林原名。9月，巴德离开天津，回到德国巴伐利亚。

陶、瑞接任后，于1934年在南京开设分店，两年后，在"八一三"中，南京分店被日军炸毁。1938年移地上海静安寺路72号设立分店，因生意兴隆，供不应求，遂于1941年又在愚园路赫德路225号开设了第二家分店，德国人协耳（W.Shall）为上海两分店经理。同年还在北戴河开设了一家分店。天津总店楼顶上还附设了屋顶花

1946年4月，起士林在社会局登记证

园，每至夏日，华灯初上，繁星满天之时，屋顶花园上婉转的乐曲缠绵悱恻，舞星鼓姬轻歌曼舞，游人如织，举扇成幕。即使是日伪政府严格取缔商户住户灯光的空袭时期，获得特许的起士林，楼头仍旧一片灯火辉煌。此时，起士林的经营达到鼎盛，不但成为引领全国西餐业的一面旗帜，而且还成了世界的知名品牌。

抗战胜利后，1945年10月，起士林被美军第一师接收，

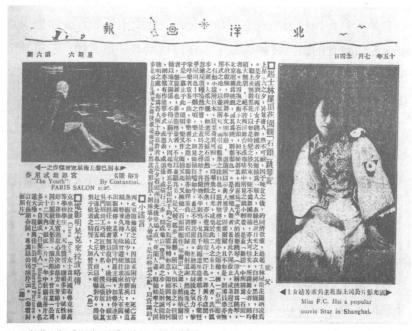

1926年第6期《北洋画报》对起士林的报道

改为军用食堂，营业范围仅限于美军，并由美军自定价格，按美元计算，但主权仍为陶必治、瑞却尔所有，长春道上的分店也仍由陶、瑞经营，直至1946年6月1日，起士林被列入敌伪产业，分店被河北平津区敌伪产业处理局天津办事处接收。

1952年9月8日，起士林先生委托中国银行天津分行出售扬子公司2000股股票，经分行寄香港后，香港银行复信称："此股票系敌产，已被冻结，现扬子公司已发行新股票，原股票已宣布无效。"后将股票退还起士林，起士林得知后遂赴香港交涉。1955年1月11日，起士林先生在德国去世。

天津早期的电器现代化

　　19世纪末，电在天津的出现，给天津居民特别是租界住户的生活带来了巨大变化，电灯、电报、电话相继出现，电冰箱、热水器、洗衣机及各种电炊具等现代化的电器逐渐走进家庭。

　　除了用电照明，当年电的第二大用途就是冬季取暖。为此，20世纪20年代初，英租界电务处从英国进口了四台锅炉设备，其中三台Babcock & Wilcox锅炉，每台供热面积为2852平方英尺，大约

1938年由工厂起运电炉灶至用户寓所

1937年英工部局电务处职员合影

12000磅蒸汽量/小时；一台供热面积可达4394平方英尺的锅炉，大约20000磅蒸汽量/小时。1924年，为了满足居民越来越多对冬季取暖的要求，电务处又进口了一台安装有蒸馏和加压充注二氧化碳设备的锅炉，它不但减少了所有机器的损耗，而且大大降低了煤耗，同时它也是远东地区第一台空气预热原理的锅炉。

1929年，电务处的技术人员在总工程师 A.M.Sillar 的带领下，自行设计制造出了第一台电热水器，虽然效果很好，但当年未能实现普及，他们准备来年加大研制和宣传力度。同年，他们还开始研制制冷设备，因为他们认为，在不久的将来，制冷空调一定会成为一种流行的家用电器。

为了让居民们了解各种电器的性能和使用方法，电务处特别附设了一个展厅，用于展示和销售各发达国家研制、生产的各种世界一流的电器设备。展厅内有电器专家当场为参观者演示电器的使用方法，讲授电器的优越性能和使用时的注意事项，还有人专门负责电器的维修和测试。展厅里最受欢迎的当数烹饪电器和当时在美国流行的电动健身器了。到了1937年，电务处引进技术人员，新工程师 H.M.Couzens 到任后，开办了生产车间，自行生产出了电冰箱、电壶、电扇及厨房用具等各种电器，展厅也就成了一个电器销售点。

为了鼓励居民用电，1934年，英租界当局取消了最大供电量的限制。同年4月23日海河河坝立式水泵启用时，还将发电厂对社会开放，当天来自天津、北平及附近城市的百余名普通居民和高校学生参观了发电厂，他们为平生第一次目睹发电厂正在运行着的各种设备而兴奋异常。

在1925年底的报告中，英工部局记述了英租界居民开始家庭电子化的一些情况：用电烹饪的住户有很大增加，因为人们发现用电做饭比用煤气更优越，更值得依赖；在使用热量聚集器解决了供热上水困难的难题后，许多供热电器装置已经连接起来，供热电量达到276.5千瓦，比1924年的151.5千瓦增加了83%；就在小型电冰箱在美国出现后不久，当年夏天已有几台电冰箱进入天津英租界。此外，他们还打算将炼钢熔炉引进到天津，用于工业炼钢。

通过以上资料，我们可以得出这样的结论：天津在1925年之前就已经开始使用厨房电器做饭了，家里就已经使用暖气御寒了。而更为可贵的是，我们可以判断，电冰箱最早进入天津应该是在1925

英工部局电务处员工宿舍

老画报风尚志

年的夏天，1929年天津出现了第一台热水器。但我们也应该明白，所有这些当时只在租界里才存在，当租界里的居民与西方发达国家同步享受着电器现代化时，天津其他地区的居民还有一大部分用蜡烛或煤油灯照明呢！

天津影迷狂热追星范朋克

1931年初，美国著名影星道格拉斯·范朋克和他的导演维克多·弗莱明、摄影师亨利·夏泼一行，随比尔曾游览团到东南亚一带摄制纪录片《八十分钟邀游世界》，途经中国。因1930年梅兰芳赴美访问演出时，曾应邀住在范朋克家中，这次范朋克来华是对梅兰芳的回访。北宁铁路为他们配备的专列从秦皇岛直抵天津，在天津老龙头火车站换乘平津列车，天津粉丝狂热追星，同年2月7日《北洋画报》记者吴秋尘撰写的《老龙头观星记》一文，报道了这一盛况。

飞来伯（译音，即范朋克）一行所乘专列原定2月4日下午2时40分抵津。2时左右，追星族便已陆续来到天津老龙头火车站，与飞来伯素有联系的华北电影公司员工全体出动，以送往迎来为事业的北平、天津等10余家报纸的外勤记者端着相机严阵以待，只是比平日里多了几家外国报纸的记者，其中一名日本记者大喊："Welcome Dauglas"，尤为活跃。《庸报》总经理董显光，为天津新闻界精通西文的唯一人物，此前与飞来伯曾在上海会晤，今天也赶来迎候老朋友。人群中四位名媛格外引人注目：其中两位西方女子，浅黄之帽，豹皮之衣，面施鲜艳之脂粉，姓名未详；两位华女是网球双打名将梁佩瑶、梁佩瑜姊妹，均着灰鼠脊短衣，一玄袍，一蓝袍，

1931年2月7日《北洋画报》记录范朋克来津

随风飘摇，有欲仙之感。与她们二人同来的全国网球冠军林宝华是此次与飞来伯握手的第一人。梅兰芳派来的代表高孟一先生，手持一面铜杆杏红旗，上书"欢迎艺术大家飞来伯"字样，旗头圆形"梅"字，即为梅剧团当年出访美国时的标识，该旗在站台只留一影即偃旗息鼓，据说要等到北平方能正式展示。

天津美术馆馆长严智开先期赶往塘沽迎接，行前曾告知到老龙头火车站的朋友："我归时以手中丝绢为号，绢从哪个窗口飞出，飞（飞来伯）便在何处。"但火车抵站时，众人望眼欲穿也未见丝绢飞出，无法判断飞来伯究竟在哪里。某记者在车站上见到一位西方人，趋前便问："先生飞来伯乎？"那人撇其嘴，瞪其目，摇其头，笑而缓缓回答："No！"于是，等不及的众人攀车而上，上车后方知飞来

明星戲院

神槍情俠

▷飛來萬人擁出中北平東車站◁
How the Peiping public welcoming Douglas.

梅蘭劇團歡迎飛來之「橙腿隊」及飛之歡迎（右第二台）齊如山（右第一人）
The world famous Chinese actor Mei Lan Fang welcoming the world famous moviestar Doug. Fairbanks

記梅家迎飛茶會

◁異光劇中攝之飛伯寀▷
Doug. Fairbanks at Chen Kuen Theater, Peiping.

Douglas Fairbanks guest at Mei Lan Fang's residence, Peiping.

飛來新聞

Welcoming Tea Party to Doug. at the Ex-Premier Hsiung's residence, Peiping.

飛（右）梅（左）合影於李宅
宅之中（宅住特區之用借梅鷄卿卽）李蘭像卒
Mei Lan Fang photographed with Doug. Fairbanks at Mr. Li's residence, Peiping.

1931年2月10日《北洋画报》图文记录了梅兰芳招待范朋克

老画报风尚志

伯已下车，又急追而下。等到真正见到飞来伯时，已呈"飞奔飞，围飞，一层、一层，水泄不通。飞虽勇武之星，真有插翅难飞"之势。

飞来伯身穿黄驼绒大衣，戴深灰色礼帽，身材魁梧，脸色浅黑，与梅兰芳各自代表东西方之美。众人都想与飞来伯来个亲密接触，齐刷刷地伸着手希望与之一握，递名片请他签名的更有数十人。一是时间紧迫，二是人潮涌动执笔不稳，飞来伯的签名

1935年10月16日出版的《花絮》中对范朋克在上海的报道

无非是在名片上画上几条曲线而已。各报摄影记者手抱相机，拼命攻入，连放镁光灯数次，而拍摄成功的仅有《大公报》一家，其余各报则完全失败，胶卷洗出来后只是黑纸一张。

当晚9时许，飞来伯抵达北平后小住四日，梅兰芳等社会名流的盛情款待让他甚是难忘。

国民饭店、西湖饭店两场"联青夜"

　　1927年9月，天津基督教青年会在英租界共济大楼成立联青社，社员多为受过欧美教育的中外人士。该社成立后，每年都举办一场化装舞会，因均在晚间进行，故称为"联青夜"，举办地并不固定，1932年在法租界国民饭店，1935年在马场道西湖饭店。

　　1932年的联青夜原定6月22日晚假国民饭店露天舞场举行，因是日午间突降大雨，场中积潦纵横，遂延于次晚进行。23日晚，霁月淡风，月光如水，雨后初晴，天气宜人。入夜9时许，来宾纷至沓来，负责招待者为联青社社员、赵四小姐的哥哥赵道生，晚会主持为周恩来的南开同窗章以吴。男女来宾达千人以上，外宾约占三分之一。

　　游艺场内除设小小照相馆、减肥美容院、X光试验室三项小游艺外，并有中原、义利、福隆、志同、利华等中外公司的摇彩活动。志同的赠品为体育用具，中原、福隆、义利皆系玩具和室内陈设品，利华则为钟表和装饰品。联青社也不甘人后，自办两处摇彩，赠品为精美时尚的缎质坐垫。摇彩办法是，来宾先在联青夜银行购买彩票，每券五角，每满百号即当场摇彩一次，购票者也可参与抓彩赠奖活动。联青夜所有售票摇彩收入，完全捐助该社主办的东马路崇仁施诊所和三义庄、老车站、郭庄子三处平民小学，作为慈善经费，

老画报风尚志

以发展教育事业和公共娱乐，法良意美，游艺慈善，一举两得，社会各界乐得支持。

当晚游艺活动共设14项：首为开场舞——联青狐步舞，所有来宾皆可挟伴参加；二为步超舞，由西女苏利达表演；三为西班牙斗牛表演，两位联青社员滑稽出演；四是双人舞，由

1932年第5卷第30期《天津商报画刊》报道联青夜

尼齐芬、苏利达两位西女献舞；五是华士舞"少奶奶的扇子"，所有来宾尽可同场竞舞，女宾均可得一把夺锦纨扇；六是探戈舞，密枝、苏利达、尼齐芬三位西女，舞步娴熟，舞姿优美；七是同心夺锦舞，此舞附赠奖品，参舞者凭号赠彩；八是俄罗斯舞，密枝女士的表演极具异域风情；九是喇嘛打鬼，由联青社员串演；十是柯尼槎舞，尽展尼齐芬女士柔美的身材；十一是萤火舞，凡胸前缀有特备小电灯的华人皆可登场参加，全场灯光齐灭，点点荧火，神秘而浪漫；十二是新奇玄舞，尽显密枝女士的劲爆火辣；十三是保留节目联青夜舞狐步，男女舞客伴着曼妙的音乐，如痴如醉；最后的大联欢晚安乐将晚会推向高潮。

这些游艺中，当数西班牙斗牛、喇嘛打鬼两项最为有趣。前者扮演西班牙壮士的联青社林君，身材矮小且过于斯文，他一出场虽有助威者、后援者，群起呐喊，但他实在缺少英武雄健气概，而扮

牛者虽身上蒙有牛皮，但足下却露出耀眼的皮鞋和大半截西裤，这些穿帮已使人发笑，但林君手中的剑着实无力，最后倒像是那头西班牙猛牛自愿送死才了结这场闹剧。如此滑稽剧，无怪座客笑声掌声哄然并作。后者原为北平雍和宫每年例行之活动，西方人士争往观之，且皆携摄影机为扮演打鬼的喇嘛摄取照片，每摄一影必给小费数角，几成贫苦喇嘛的一种收入。这一活动居然被联青社搬了过来，表演法则大体相同，只是配以西洋音乐，可谓中西合璧之打鬼了。

活动从始至终，章以吴举着号筒喇叭做中西语报告，嗓音洪亮，字眼纯正，值得一捧。赵道生、梁汤姆领导的广告、宣传、装饰、彩票、银行各组分工协作，并然有序，有条不紊。唯其间忽传一名西人丢失外套，仆欧急于寻觅，来回穿梭，秩序稍乱。国民饭店的住客近水楼台，个个倚窗以观，整场盛会尽收眼底。而饭店墙外的驻足偷观者更将门前原本宽敞的道路挤得水泄不通。时至凌晨，曲终人散。

1935 年 10 月 9 日的联青夜在西湖饭店举行。当晚的西湖饭店人头攒动，热闹非凡。联青社社长王鹏云，天津商品

1935 年 10 月 12 日《北洋画报》记录了西湖饭店联青夜的盛况

检验局局长汤澄波，《北洋画报》社长谭北林，东亚公司副经理陈锡三、赵四小姐之兄、大华饭店经理赵道生，颜惠庆的夫人等中外名流、津门名媛百余人参加。这次活动的主题是倡导科学，主办方专程从德国购置了一台电气机器人，由史丹伯博士当场表演。只见他拨动机钮，机器人便在会场中行动自如，还能唱歌说话。这应该是天津最早引进机器人的记载。会场主持、调动首次运用无线电广播，各分场内均装有广播喇叭，来宾可以随时获得所有讯息。

最为火炽的当数舞场了。舞场里糊成巨大彩色米老鼠的四根立柱格外醒目，除普通交谊舞外，还有手拿折扇的执扇舞、高举彩伞的雨中情舞、头戴斗笠的渔光曲舞、挑着纸灯的宫灯舞、手举酒杯的交杯艳舞，第米欧表演的乐步歌舞、旋风舞最为抢眼，引来一片喝彩。在舞场休息时演出小品短剧《老广游北平》，关颂声之弟、著名牙医关颂凯饰演游客，名医卢广寿演巡警，某君演车夫。剧情大致为游客以粤语雇车，因语言不通与车夫起了纷争，惊动了巡警，将其二人拘押警局，巡警大施淫威，捉弄游客。语言幽默，观者捧腹。第二个小品是《岳飞抗金》，当章以吴扮演的岳母为赵道生饰演的岳飞刺字"精忠报国"时，全场观众起立鼓掌欢呼！

循例活动结束前要选出若干名当日明星，颜惠庆夫人、刘幼村夫人和西医大夫梁宝鉴担任评委。最终，一袭夏威夷女郎装扮的著名交际名媛王涵芳获得化装最自然奖；巴黎舞场舞星胡曼丽身着一件金色小镜面旗袍，光彩照人，炫人眼目，且举止大方得体，夺得化装最华丽奖；章以吴因别出心裁地以各种花花绿绿的钞票制成一件外衣，荣获男宾最有创意奖。章以吴的妻弟、曾为张学良部下的朱海北化装扮成一名西班牙斗牛士颇具特色，惜未获奖。评委对卢广寿装的美国水兵，赵道生化装的老妈子，陈锡三化装的道士均给予点评和肯定。

此外，活动还有圆桌赛马、摇彩、投球、射击、催眠术表演和小型有声电影等，这些活动为收费项目，为此专设联青夜银行，所有消费皆用该行特制钞票。活动设有各种餐饮酒水，中国银行天津分行经理卞白眉的两位公子也来了，大公子竟然喝醉后倒在沙发上呼呼大睡，弟弟强拉硬拖地想把他弄回家，甚为吃力，后在众人的帮助下才将其抬出大门，送上了车。

午夜时分，联青夜进入尾声，会场无线电广播揭晓最幸运来宾的号码是129，但却无人上台领奖，或许中奖人早已离场回家了。

异域风情的圣诞节

第一次世界大战后，大量日本人涌入天津，定居日租界；20世纪20年代初，大批白俄流亡到天津，聚集于俄、德两租界；抗战胜利后，美军由海、空两路进驻天津，代表国民政府接收天津，数千美军活跃于法、德租界的娱乐场所。这些外国人虽是入乡随俗，逐渐适应本土生活，但仍保留着一些原来的生活方式和生活习惯，比

1935年，在津意大利人在回力球场欢度圣诞节

1938年圣诞节期间的英租界工部局电务处售品部

如过圣诞节。每年从12月初到年底，小白楼、法国教堂、乡谊俱乐部、德国俱乐部、意租界回力球场等地都是外国人欢度圣诞的集会地，这也为严冬的津城平添了几分异域风情。

1947年的冬天格外寒冷，12月初又下了一场大雪。下层百姓住在四面透风的窝铺里祈盼着雪停日出，食不果腹的穷人们正为没有食物充饥而发愁，航运业商人担心大沽口封冻影响自己的生意。然而，见到银装素裹、白雪皑皑的津城，有的人却在欢呼雀跃。他们不是为了瑞雪兆丰年而感慨的津郊农民，而是旅津的外国人，他们终于盼来一个有雪的圣诞节了！

从12月初，小白楼一带的商店就已经陆续贴出售卖圣诞礼物的广告，五颜六色的圣诞卡片、做装饰用的彩条和鬃毛做的圣诞树，也都纷纷在满布冰花的玻璃橱窗里粉墨登场了。显然，这些只是为少数人预备的，与津城百姓看似毫无关系。也有人出于好奇，隔着橱窗观望。不看不要紧，一看吓一跳！有位《益世报》的记者，发现一张小小圣诞卡的标价竟然是155，后面还有三个圈！他揉了揉眼

1920年第35期《青年进步》中的1919年天津南开学校圣诞庆祝会留影

睛定睛再看,一点不错,是法币15.5万元!他算了算,这张贺卡当时可以抵上40斤棒子面!再往下看,这些花花绿绿的卡片有11.5万元的、有七八千万元的,最低的也要1.6万元。上面分别印有"向妈妈贺圣诞""向一个特殊的朋友贺圣诞""向爱人贺圣诞"等字样,图案大都是高高燃烧的红蜡烛,或是一团和气的圣诞老人。那张15.5万元的贺卡,有32开报纸大小,印着彩色的圣诞老人,扎着一根红色丝带。而那张1.6万元的只有两寸左右大小,从印刷、纸张,甚至大小上论,绝比不上一张500元的金圆券。后来这位记者打探得知,人家计算价格的标准不是法币而是美元,1.6万元法币折合美元只不过1毛多而已。

中国的钱不值钱,中国制造的圣诞卡片同样不如舶来品值钱。小白楼一带的文具南纸店都摆满了纯粹中国风味的圣诞卡片,大都印着"Greetings From China",显然是专为旅津外国人预备的。或许是美军撤出天津后需求量减少的缘故,这里贺卡的价钱比起东方图书馆的外国货相差甚多,最便宜的一种每张5000元,最高的也不过

1936年第21卷第50期《天津商报每日画刊》对天津市基督教女青年会庆祝圣诞节合影

2.5万元。这里的贺卡有的上面贴有剪纸窗花，有的印上了木刻，甚至还有杨柳青年画，这些民族艺术使贺卡在洋味中加入了中国元素，增添了民族色彩，更富喜气。

伴随着圣诞卡片的是一株株小型的圣诞树，虽只有一尺来高，绿色的鬃毛上披上了点点的白絮，可价格也在2万元以上。一张张色彩缤纷的卡片和一株株葱郁苍翠的圣诞树，装点着节日的气氛。只可惜，在当时战乱的年代，这样的喜气并不是多数人所能获得的，甚至是多数人想都不敢想的。更与寒风中挨饿受冻的穷人们，与深陷内战苦痛、在生死线苦苦挣扎的国民们，形成了鲜明的对比。一张美丽的贺卡堪比一袋棒子面，又成了一个大大的讽刺。